戦国
忠義と裏切りの作法

監修　小和田哲男

はじめに

戦国大名の陰に隠れた家臣たちの"作法"とは？

　今からおよそ500年前の日本。戦国時代と呼ばれた当時は、織田信長や豊臣秀吉、徳川家康といった多くの英雄たちが互いに覇を競い合った時代だった。

　しかし、その英雄たちは決してひとりで名を残したわけではない。彼らを支える家臣たちがいたからこそ、偉業を達成することができたのだ。とはいえ、家臣というのはあくまでも英雄の華を添えるバイプレーヤー的存在。歴史の教科書やゲームなどでも、その功績や苦悩が語られることは少ない。

本書はそのような縁の下の力持ちである家臣たちにスポットを当てて、当時の生活から処世術、果ては戦国大名への裏切りまでを、イラストを用いながら紐解く内容となっている。

　謀反や寝返りといった裏切りが多くあった戦国時代の中で、家名の存続のために主君を変えた者。そんな時代にあっても主君に忠義を尽くし、主家の栄枯盛衰に身命を捧げた者。家臣によって形は違えど、生きるため、身を立てるために一生懸命に戦国時代を駆け抜けた彼らのリアルな部分を知る一助となれば、幸甚の至りである。

　　　　　　　　　　　　　　　　小和田哲男

早わかり戦国 ①

群雄割拠の時代における支配体制

室町幕府が衰えると、各地で守護大名や戦国大名が頭角を現し、戦国時代へと突入する。ここでは、室町時代の幕府による支配体制から戦国時代の支配体制への変遷と、主な守護大名と戦国大名を紹介していく。

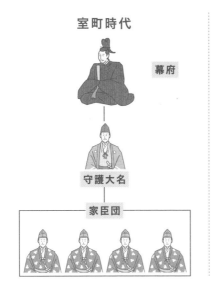

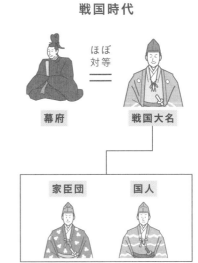

1　467年から11年間続いた応仁・文明の乱により、力が衰えた室町幕府。これまで武家の棟梁（とうりょう）として各地に散らばる武士たちを統率していたが、その求心力はなくなっていた。

もともと室町時代は、幕府（将軍）を筆頭に各地に配置された守護が内政を取り仕切り、さらにその下に守護を支える家臣団がいた。

しかし、戦国時代になると畿内に駐在していた守護の代わりに内政をしていた家臣が周辺の領主を吸収、または攻め滅ぼすことなどで力をつけ、戦国大名として君臨。守護大名（たとえば畠山氏、斯波氏）などに対抗するようになった。これを"下剋上"という。時を同じくして守護大名たちも幕府の支配下から離れ、戦国大名へと変貌を遂げる。

主な守護大名と戦国大名

守護大名から戦国大名へ	戦国大名	
①佐竹家	⑦伊達家	⑬三好家
②武田家	⑧上杉家（長尾家）	⑭長宗我部家
③今川家	⑨北条家	⑮尼子家
④山名家	⑩織田家	⑯毛利家
⑤大友家	⑪朝倉家	⑰龍造寺家
⑥島津家	⑫浅井家	

　この時代、大名たちは独自に家臣団を形成したり、国人と呼ばれる地域ごとの有力な豪族たちを武力や外交などで手なずけることで、領国を経営していた。こうして実力をつけてきた各地の大名たちにより室町時代からの支配体制は蔑ろにされ、諸侯たちが覇を競い合う戦国時代が続いたのである。
　下剋上の顕著な例は関東管領の上杉氏と北条氏の戦いだろう。もともと関東の地で普段の内政はもちろん、何か争いごとが起きれば武力を行使することも幕府に認められていたのが関東管領の上杉氏だった。しかし、幕府に仕えていた北条早雲（伊勢宗瑞）が下剋上に成功し急成長。存亡の危機を悟った上杉氏は、周辺諸侯に檄文を飛ばし北条包囲網を形成するも、河越城の戦いで敗北。関東を追われて越後の長尾氏（のちに上杉を名乗る）を頼ることとなる。

早わかり戦国 ②

戦国時代における家臣の組織図

戦国時代の大名たちは、他国と戦を行うだけでなく領国経営による富国強兵に勤しんだ。そのため、有能な家臣を登用し、適材適所に配置することが必要だった。では、その家臣たちにはどのような分類や役職があったのだろうか。

戦国大名

戦国時代に各地を治めた領主のこと。家臣や国人たちを従えて戦や内政を行った、家のトップ

大名との関係性による分類

一門衆（いちもんしゅう）	譜代（ふだい）	外様（とざま）
大名と血縁関係や婚姻関係にある人々の総称	古くから大名家に仕えている家臣や、大名とは遠縁にあたる家臣	現代でいう中途採用の家臣。重用されることは稀だった

誰に仕えるかによる分類

直臣（じきしん）	陪臣（ばいしん）	奉公衆（ほうこうしゅう）
家臣の中でも大名直属の人々	直臣に仕えた人々	陪臣のさらに下の身分の人々

　戦国時代の家臣団は、大名との関係性によってその呼称が変わる。大名と血縁関係にある者たちは"一門衆"と呼ばれ、家臣団の中でも序列が高かった。また"譜代"と呼ばれる人々は何代にもわたって大名家を支えてきた重臣として、戦の際や内政においても重要なポストを任せられることが多かった。逆に中途採用のような形態の"外様"と呼ばれる人々は、藤堂高虎（※P164）のような例を除けば、その多くが邪険に扱われることが多かった。

　このように家臣の呼び方ひとつで、大名との関係性によって扱いが違ってくることがわかる。

　また誰が主なのか、つまり上司であるかによっても呼び方が変わってくる。大名に直々に使えている者は"直臣"と呼ばれ、その直臣に仕えている者は"陪臣"、さらにその下

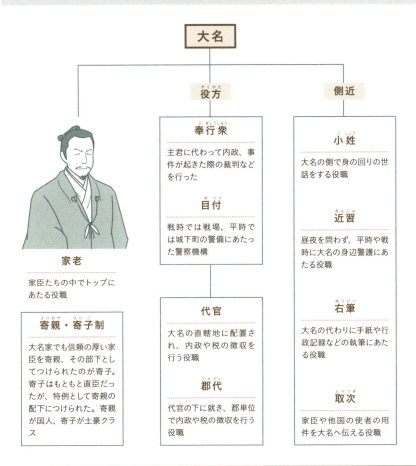

平時での家臣たちの主な役職一覧

大名

役方

奉行衆
主君に代わって内政、事件が起きた際の裁判などを行った

目付
戦時では戦場、平時では城下町の警備にあたった警察機構

代官
大名の直轄地に配置され、内政や税の徴収を行う役職

郡代
代官の下に就き、郡単位で内政や税の徴収を行う役職

側近

小姓
大名の側で身の回りの世話をする役職

近習
昼夜を問わず、平時や戦時に大名の身辺警護にあたる役職

右筆
大名の代わりに手紙や行政記録などの執筆にあたる役職

取次
家臣や他国の使者の用件を大名へ伝える役職

家老
家臣たちの中でトップにあたる役職

寄親・寄子制
大名家でも信頼の厚い家臣を寄親、その部下としてつけられたのが寄子。寄子はもともと直臣だったが、特例として寄親の配下につけられた。寄親が国人、寄子が土豪クラス

に仕えるのは"奉公衆"と呼ばれる人々である。戦国時代でも現代の会社のようなヒエラルキーが存在したことが窺えるだろう。

さらに家臣にはそれぞれ役職が与えられていた。平時のものでいえば、大名家の重役である家老、大名の側で身の回りのお世話をする側近、大名の代わりに内政などをする役方、といったものだ。

ただ、この役職は大名家によって呼び方が違ったり、その数自体が違うことがある。たとえば、織田信長でいえば支配領域が非常に広かったため、対上杉家であったり対毛利家のための軍団をつくり、重臣である柴田勝家や羽柴秀吉を武将と呼ばれる軍団長に任命した。

ちなみに、信長は血のつながりや年功序列にはこだわらず、適材適所に配置することで天下人となった。

早わかり戦国 ③
歴史に名を刻んだ有力家臣たち

大名はもちろん、その下に仕える家臣たちもまた、己の信念に基づいて戦乱を生き抜き、戦国時代を彩った。ここでは戦国時代に活躍した代表的な家臣たちを何人か紹介する。

井伊直政（いいなおまさ）
（1551年〜1602年）
主君：徳川家康

徳川四天王のひとりで、「井伊の赤備え」と呼ばれる精強な騎馬軍団を率いた。関ケ原の戦い後には戦後処理を行う。

石田三成（いしだみつなり）
（1560年〜1600年）
主君：豊臣秀吉

豊臣秀吉の家臣で、政権の実務を担った五奉行のうちのひとり。秀吉の没後は徳川家康と対立し、関ケ原の戦いで敗れ処刑される。

真田信繁（幸村）（さなだのぶしげ（ゆきむら））
（1567年〜1615年）
主君：真田昌幸、豊臣秀頼

真田家の一門衆で、通称は幸村。「大坂夏の陣」では徳川家康をあと一歩のところまで追い詰め、「日本一の兵（つわもの）」と称された。

直江兼続（なおえかねつぐ）
（1559年〜1620年）
主君：上杉謙信、上杉景勝

上杉家に仕え、景勝の参謀として活躍する。家中や他家からの人望も厚く、北の関ケ原「長谷堂城の戦い」のときに見せた撤退戦は、敵方の最上義光や徳川家康に称賛された。

本多忠勝
（1578年〜1610年）
主君：徳川家康
徳川四天王のひとりで、多くの戦を経験しながら一度も負傷したことがないという逸話を持つの猛将。名槍「蜻蛉切」や愛馬「三国黒」も同じく有名。

山中幸盛
（1545年〜1578年）
主君：尼子義久、尼子勝久
尼子家家臣で、通称は鹿之介。主家が滅亡してもお家再興のために働いた忠臣で、その武勇は「山陰の麒麟児」と称されるほどだった。

そのほかの有力家臣

- 大谷吉継　豊臣秀吉の家臣として数々の戦に出陣。
- 島津家久　多くの敵将を討ち取った島津家の名軍師。
- 竹中重治　織田信長の家臣。通称は竹中半兵衛。
- 甲斐宗運　肥後の国・阿蘇氏に尽くした功臣。
- 島清興　石田三成の家臣として関ケ原の戦いで奮戦した。
- 柴田勝家　織田信長の家臣団のひとり。北陸方面を担当した。
- 片倉景綱　豊臣秀吉にも高く評価された伊達政宗の家臣。
- 太原雪斎　今川義元の右腕として手腕を振るった功臣。
- 馬場信春　武田氏の家臣として数々の武功を挙げた。

など多数

contents

- 2 　はじめに
- 4 　早わかり戦国 ①　　群雄割拠の時代における支配体制
- 6 　早わかり戦国 ②　　戦国時代における家臣の組織図
- 8 　早わかり戦国 ③　　歴史に名を刻んだ有力家臣たち

一章　裏切りの作法

◆ 裏切りの心得

- 16　土壇場でなければ裏切りは許容の範囲内
- 18　親兄弟であっても邪魔なら平気で殺した
- 20　謀反を起こすと柱にくくりつけられ槍で刺された
- 24　戦国時代に結ばれた軍事同盟はもろかった

◆ 裏切りの方法

- 26　寝返りは出世の道が閉ざされた敵国の家臣が狙い目
- 28　家中の協力がないと下剋上は成功しなかった
- 30　内輪もめは練りに練った敵国の戦略だった
- 32　裏切り者がいれば堅固な城もあっさり落城した
- 34　寝返りの偽情報を広げて戦を有利に進めた
- 36　答えが出ないときは日和見で時間稼ぎをした

◆ 裏切りの回避法

- 38　家臣が大名を縛りつける法律が存在した
- 42　裏切りの防止は家臣への正しい評価が重要だった
- 44　実力がものをいう時代に権威など無意味であった
- 46　欲しいものは何でも手に入る！ 豊かな人質ライフ
- 48　寝返ると人質が竹槍で串刺しにされた

二章　家臣の作法

◆ 大名家を支えた重臣

- 52　ナンバー2のポジションは家臣たちのまとめ役
- 54　血縁関係にある絆の強い家臣ほど粛清の対象!?
- 56　四男以降は虫ケラ扱い！ 跡継ぎ以外は超冷遇
- 58　大名の側近である小姓は夜の相手までさせられた
- 60　目付(めつけ)は日常だけでなく戦場の動きまで監視していた

◆ 教育係・補佐役・傭兵

教育係
- 62　信頼の置ける家臣は大名の子どもの家庭教師になった
- 64　侍女(じじょ)たちは大名家で花嫁修業をしていた

補佐役
- 66　茶人の中には家臣たちよりも発言力がある者もいた
- 68　武勇伝や怪談など、語ることが仕事の家臣がいた
- 70　金鉱で働く金山衆(かなやましゅう)は城攻めのプロでもあった
- 72　剣豪たちは破格の条件で仕官できた
- 74　影武者はやられ役ではなく戦場の掻き乱し役
- 76　諸国を自由に歩く巫女は情報や春を売っていた

傭兵	78	海賊たちは水軍として戦を手伝った
	80	暗殺や破壊活動を秘密裏に行うために忍者を雇った
	82	強国並みに鉄砲を保有していた僧兵がいた

◆家臣の仕事

84　エリート家臣に与えられた奉行というポジション

86　東には川、南には窪地、築城は場所選びが重要だった

90　敵の進軍を考え、城までの道のりはあえて悪路を用意した

92　最前線に立って鉄砲を構える武家の妻もいた

94　書式を間違えると書状を受け取ってもらえなかった

96　大工や商人など、武士ではない参謀役もいた

◆家臣のステータスシンボル

給料	98	給料がどのくらいもらえるか家紋を見ればわかった
	100	午後2時には帰宅！ 超ホワイトな家臣の仕事事情
	102	重臣は給料の代わりに土地を授かった
	104	大名からの感謝状は嬉しいボーナスだった
格式	106	家臣たちは土地よりも茶器を欲しがった
	108	下級家臣は床がなく藁を敷いて寝ていた
	110	戦国時代のご馳走は食後にお菓子とお茶が出た
	114	鷹狩りや蹴鞠（けまり）など、家臣は大名の趣味につき合わされた
身だしなみ	118	上級家臣は女性もののような華やかな衣装をまとった
	120	武士はバニラのような甘い香りを漂わせていた
	122	若い武士は前髪をつくってオシャレしていた

戦	124	騎馬武者はポニーのような小さな馬にまたがった
	126	戦で死ぬと野ざらしに…葬儀は行われなかった
教育	128	武家の子どもはお寺で兵法書を読まされていた
	130	戦場の実践的な訓練として相撲を教え込まれた
暮らし	132	主君の恋愛事情に家臣が口を出していた
	134	塩分過多な食生活が武士たちの寿命を早めた
	136	病は気から？ 祈祷で治る場合もあった

三章　世渡りの作法

◆ 家臣の就活

140　日本最古の足利学校は就職に強かった
142　元服の儀は幾人もの家臣が手伝う一大イベント
144　リストラされても勝手に戦に出て復職を願った
146　家系図が履歴書代わりになった
148　戦国末期は多くの武士がニートになった

◆ 立身出世

150　酒を一滴残らず飲むのはマナー違反だった
152　朝廷にお金を払えば官位を買うことができた
154　非力な官僚タイプの家臣は武闘派の家臣を嫌った
156　主君だけでなく同僚からも名前の一字をもらった

◆ 戦国時代のマナー

158　主君に呼ばれたら「あっ」と返事をするのがルール

160 十字に切るのが美しい切腹方法とされた
162 目上の者と話すときは視線を外すのが礼儀

SPECIAL EDITION ①
165 明智光秀の「本能寺の変」に迫る

SPECIAL EDITION ②
175 あの戦国武将の裏切り事情

186 戦国家臣年表

コラム
50 武士の憧れは鎌倉時代末期の忠臣・楠木正成
138 戦国時代、公家は極貧生活を送っていた
164 主君を7回も変えた世渡り上手の藤堂高虎

一章

裏切りの作法

家臣が主君に対して忠義を尽くす、という一般的なイメージとは異なり、戦国時代は裏切りの時代である。下剋上や多数の謀略は乱世の嗜(たしな)みだったのだ。ここでは戦国時代の中で勢力を拡大するときや、身を立てるために多く行われた裏切り行為から戦国時代を掘り下げていく。

	裏切りの作法 その一	

土壇場でなければ
裏切りは許容の範囲内

該当する 人々 ▷	家老	一門衆	側近	役方	その他

該当する 時代 ▷	戦国 初期	戦国 中期	戦国 後期	安土 桃山	江戸 初期

いったん戦う姿勢を見せた後は
もう裏切りは許されない

裏切りという言葉を聞いて、ネガティブな印象を抱かない人はいないだろう。しかし、戦国時代にあっては、裏切りもひとつの生存戦略として認められていた。

それまで仕えていた主の元を去り、敵に寝返る行為を返り忠という。いったん裏切った者が再び元の主君に仕えるのも同様だ。褒められた行為でないのは確かだが、家中の安定や、民のためといった相応の理由があるなら、返り忠は許容される風潮が戦国時代にはあったのである。所領を有し、家臣や領民の生活を守る義務がある立場の人間にとっては、自分が誰につくかを判断することが最優先課題。選択を誤れば、自分とその一族だけでなく、領民全員が不幸な結末へと至る可能性さえあるのだから、手段を選んではいられない。

一方、いくら何でもこれは許されないといった裏切りもある。盾裏の反逆といわれるもので、関ケ原の戦いにおける小早川秀秋の振るまいがこれにあたる。徳川家康が率いる東軍と、石田三成ら反徳川勢力による西軍との間で行われたこの合戦は、戦前から双方が手紙などを用いた外交戦を展開していた。秀吉の養子となり、豊臣姓まで与えられた秀秋は当然の顔をして西軍に参加するが、徳川方からの誘いもあって戦の最中に寝返り、西軍敗北の一因となってしまう。つまり、盾を東軍に向けていったん戦う姿勢を見せながら、肝心な場面でそれを裏返したのだ。

秀秋は合戦後、敵のみならず味方からも嘲笑を浴びてしまう。まもなく秀秋は酒色に溺れて若死にしたとされ、小早川家は無嗣断絶で改易。家臣たちも裏切った家の出身ということで仕官先に困ったといわれるが、彼らの多くは前田家や紀伊徳川家などへ再仕官を果たしたのだという。

一章　裏切りの作法

裏切りの意味

状況によって変わる裏切りの心得

裏切る状況によって、世間的な意味でよい裏切り、悪い裏切りにわかれた。

返り忠

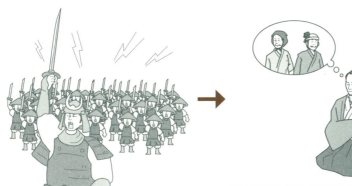

ある大名家に仕える家臣や、従属する国衆の土地に敵国が攻めてきたという場合。

敵国が自国より強いと判断したとき、領土や民の安全のために寝返る。この行為を返り忠というが、この場合の裏切りは仕方ないものとされた。

盾裏の反逆

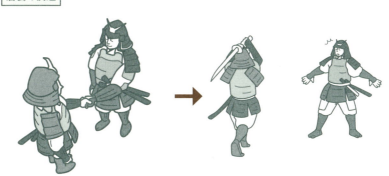

戦などの際に味方に対して共に戦う姿勢を見せる。しかしこのときには敵国に内通している状態。

内通をしていた敵側に寝返る。この行為を盾裏の反逆というが、戦のあとは敵からも味方からも警戒され、白い目で見られてしまう。

17

裏切りの作法
その二

親兄弟であっても邪魔なら平気で殺した

該当する人々 ▷ 家老 / 一門衆 / 側近 / 役方 / その他

該当する時代 ▷ 戦国初期 / 戦国中期 / 戦国後期 / 安土桃山 / 江戸初期

骨肉相食む闘争の裏には家督継承への野心があった

　一国を統べる当主は、領国における最大権力者。その座に就くと就かないとでは天地の差があった。

　それが血を分けた兄弟であっても、当主とそうでない者の間には厳然とした主従関係が敷かれてしまう。当主は身近な人間に対しては特に警戒心を強めるのが通例であった。異母兄弟がいる場合は、母親やその周囲を巻き込んで特にお家騒動の火種となりやすい。いわゆる骨肉の争いである。

　たとえば美濃の戦国大名・斎藤道三の長男で側室の子だった義龍。一度は家督を譲られるものの、道三が正室の子であった弟たちを溺愛していたため廃嫡を考えはじめた。そこで義龍は仮病を装い見舞いに来た異母兄弟たちを暗殺。その後挙兵して長良川の戦いで道三を攻め殺してしまった。下剋上の代表例であり、美濃の蝮と称された狡猾な道三でさえ、相続に私情を挟んだために息子である義龍に殺された。

　織田信長の弟の信勝は、兄が家督を譲られていたのにも関わらず、謀反を起こして争い、最後は謀殺された。両者は母を同じくしていたが、両親が一緒ということは、見方を変えるなら代替可能であることを意味する。家督を継ぎたい者にとっては、母の代理戦争の趣がある異母兄弟より真に迫った脅威だったのかもしれない。独眼竜の異名を持つ伊達政宗も、母が寵愛する弟の小次郎を死に追いやっている。

　戦国時代は、兄弟に限らず、じつの親をはじめとする肉親は当主の座をめぐるライバル。同時にそれぞれの側近の立場から見れば、主人の家督相続は自らの出世をも意味していた。そうした人々が軍師として主君と認めた者を補佐し、骨肉の争いに勝たせようと知恵を授けた例もある。また、中には正室や側室といった後継者の妻がバックにつくことも多かったとされる。

一章　裏切りの作法

骨肉の争い

跡目争いによって家中が二分した

戦国時代の家単位では、家督相続や家の方針などについて親や兄弟で争い合うことが多くあった。

父と子

家督相続などにおいて父と子が争い合うことも。父親の寵愛を受けられなかった者も多かった。

著名な争い 証跡

天文の乱（1542年）

伊達家を中心に東北地方の各大名を巻き込んだ親と子の争い。伊達家嫡男の晴宗が、父・稙宗による婚姻戦略に対して反旗を翻した。

兄弟

兄弟同士の争いは家督相続が多い。母が正室か側室か、というものや、いとこ同士で争うこともあった。

著名な争い 証跡

花蔵の乱（1536年）

駿河の今川氏のお家騒動。正室生まれの義元と、側室生まれの玄広恵探が争った。母である寿桂尼と黒衣の宰相と呼ばれた名軍師、太原雪斎がついた義元が争いに勝利した。

関ケ原の戦い以降の真田家

西軍		東軍
	対立	
昌幸　信繁（幸村）		信之

真田家では生き残りの策として、当主の昌幸と子の信繁（幸村）が西軍に、嫡男の信之は東軍につくという戦略に出た。その後、信之は徳川政権下で上田藩主となり、江戸幕府を支えた。

裏切りの作法 その三

謀反を起こすと柱にくくりつけられ槍で刺された

| 該当する人々 ▷ | 家老 | 一門衆 | 側近 | 役方 | その他 |

| 該当する時代 ▷ | 戦国初期 | 戦国中期 | 戦国後期 | 安土桃山 | 江戸初期 |

苦しみを長引かせるためあえて粗悪な鋸で首を挽かせる

　江戸時代における処刑は、主に罪人に対する刑罰として行われるものだった。それが戦国時代の場合は、敵対勢力や謀反人に対する処分の意味合いで行われることも多かった。

　数多くある処刑法の中で、もっともシンプルなものは切腹、あるいは斬首になるだろう。斬首はともかく、切腹は戦国時代において、処刑される者の武士としての体面を重んじる方法だった。家臣にとって、ある程度は納得のいく死に方だったのだ。

　逆に、罪人を板や柱に縛りつけ、槍などで突き殺す磔（磔刑）などは見せしめの意味があり、大名側の収まらない気持ちをよく表した方法といえるかもしれない。最後まで従わなかった家臣、自分を辱めた敵の間者に対する激しい怒りから、公開処刑となったのだ。苦しみをより長引かせるため、逆さまにして磔にすることもあった。

　鋸挽きは、その名称からして心胆寒からしめるおそろしい処刑法だ。土中に埋めた罪人の首を鋸で傷つけ、その血のついた鋸を傍らに置き、被害者の親族や通りがかりの人々に一、二回ずつ挽かせる。長く苦しみを与えるため、このような処刑法が行われた。粗悪な竹製や木製の鋸が用いられたのも、そうした目的のため。織田信長を狙撃した杉谷善住坊が、この鋸挽きによって処刑されている。南近江の大名、六角氏による依頼だったともいわれるが、しくじったために無惨な死に方をしてしまった。江戸時代になると鋸挽きは、広場に晒した罪人の脇に鋸を置く形ばかりの刑となった。信長の故事にならったわけでもないだろうが、主人殺しの大罪人にのみ適用された。

　以上は一例で、洋の東西を問わず、処刑法には多種多様な方法が存在する。こうしたことに対する、人間の想像力のすさまじさにはじつに驚かされる。

一章　裏切りの作法

処刑の種類

大名の怒りの度合いでも罪の重さは変化した

戦国時代では刑罰の種類も豊富だったが、主君に牙をむいた者には見せしめの意味を持つ処刑を執行した。

切腹
短刀で腹を掻き切るもの。武士の体面を重要視した刑罰のため、罰を受ける者にとっては面目を配慮された処刑法。

磔
木の柱に罪人をくくりつけて、槍で突き刺したり鉄砲で撃ちぬいたりする処刑法。見せしめの意味も込められていた。

鋸挽き
街道の沿道などに罪人を生きたまま埋め、通行人などに竹や木でつくられた鋸で首を挽かせる刑罰。

市中引き回し
磔刑の前などに、罪状が記載された立て札を立て、罪人を馬に乗せながら民衆に向かって晒し者にする。

一族皆殺し
主人が重罪を犯したとき、連帯責任のような形で妻子や親戚に至るまでも殺す。

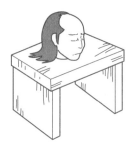

獄門（晒首）
死罪を受けた罪人の首を、台の上に乗せて民衆に向けて晒すこと。合戦のあとの手柄である首級も同じく晒された。

刑罰や処分の種類

蟄居
いわゆる謹慎処分のことで、他人との面会を許さず、部屋の扉や窓を閉め切って外に出ないように監視される。

闕所
罪を犯した家臣や、合戦で手柄を立てられなかった家臣に対して、持っている領地を全て没収してしまう刑罰。

流罪
隠岐島や八丈島といった遠方に送られる刑罰。移動中に落ち武者狩りに遭うこともあったという。

無嗣断絶
家臣に後継者がいないため家を取り潰されること。後継者がいないのは主君に対して忠義のない行為とされた。

一章　裏切りの作法

連座
罪を犯した家臣の家族を刑罰の対象とすること。豊臣秀吉のあとに関白を務めた養子の秀次は謀反の疑いをかけられ、妻子や侍女に至るまで39名が連座し処刑された。親戚関係にある者も対象になる場合は縁座と呼ばれた。

義絶
罪人が一族の連座などを防ぐため、妻子などと縁を切ること。義絶のためには主君に対して義絶状を出し、認めてもらう必要があった。

> **Column**
>
> #### 石川五右衛門の釜茹で
>
> 安土桃山時代を中心に「天下の大泥棒」として名を馳せた石川五右衛門。当時天下人だった秀吉から盗みを働こうとするが捕縛され、釜茹での刑に処された。多くの資料でも記載があり事実だったとされるが、一説では五右衛門は茹でられたのではなく、油で揚げられたとする説もある。

裏切りの作法
その四

戦国時代に結ばれた軍事同盟はもろかった

| 該当する人々 | 家老 | 一門衆 | 側近 | 役方 | その他 |
| 該当する時代 | 戦国初期 | 戦国中期 | 戦国後期 | 安土桃山 | 江戸初期 |

国衆は軍事協力の見返りに自らの領地を安堵された

鎌倉幕府が地域管理のために置いた地頭職を源流に、実質的な領主として地域を支配したのが国衆（国人領主）である。

戦国時代に入ると城持ちの独立勢力となった国衆は戦国大名に従属、家臣団の一員となった。ただしこの場合、従属してはいても、大名の家中とは区別されるのが通例である。両者に交わされるのは今でいう安全保障条約に近い。条件としては国衆が救援など軍事動員に応じる代わりに、所領における自治権を大名から保証されるというケースが多かった。

大名は家中であれば公事を課すことができたが、自治権のある国衆に対しては課税を行うこともできない。つまり領域支配に関しては国衆に任されており、大名側は国衆の領地に頭越しに干渉することはできなかった。こうした従属関係は降伏がきっかけの場合もあれば、国衆の方から申し出ることもあった。両者が交渉の末に合意に達すると血判起請文が交わされ、国衆側が妻子を人質として大名側に差し出すこととなる。一国と郡単位という力関係もあってか、この程度の譲歩は受け入れるほか仕方がなかったのだろう。

一部には、守護大名をもしのぐ勢力として地域に君臨した国衆もあった。近隣諸国に侵攻して領域を広げたり、家臣団に組み込むことで周囲に影響力を及ぼすようになった者たちだ。このような経緯を経て戦国大名となった代表例が、三河の徳川氏、安芸の毛利氏、土佐の長宗我部氏などである。

地域国家を形成し、特殊な立場から戦国時代を彩った国衆だが、豊臣秀吉による天下統一が進む中で大名への従属を強制され、徐々にその家中へと吸収されていく。天下人を頂点に置いた、大名による分割統治の時代のはじまりである。

一章　裏切りの作法

国衆

鞍替えや下剋上をしてくる国衆たち

国衆たちは強国から攻められればそれに靡き、大名が弱いと見れば下剋上をしてくる、大名にとって悩みの種だった。

大名と国衆の関係

家臣FILE

国衆出身の戦国大名

徳川家や長宗我部家のほかにも、近江の浅井氏や陸奥の南部氏、信濃の真田氏などは国衆から下剋上や他国を吸収して戦国大名へ成りあがって行った。

基本的な国衆の権利

所領の安堵
国衆たちは戦の際に兵力を動員することと引き換えに、大名から所領を安堵されていた。

大名による介入の拒否
国衆たちは大名から所領に対して自治権が認められており、大名はその所領に対する内政や軍事増強などに介入してはならなかった。

Column

佐々成政が抑えられなかった「肥後国人一揆」

国衆は味方にすれば心強いが、敵にすると厄介である。秀吉による九州攻めの後、肥後を治めた大名の佐々成政は、秀吉の命を受けて太閤検地を行うが、不満を持った国衆たちによって一揆が勃発。ほかの大名から援軍を受けながら鎮圧に成功するが、責任を追及されて成政は切腹を申しつけられてしまった。

| 裏切りの作法 その五 | | 寝返りは出世の道が閉ざされた
敵国の家臣が狙い目 |

該当する 人々	家老	一門衆	側近	役方	その他

該当する 時代	戦国 初期	戦国 中期	戦国 後期	安土 桃山	江戸 初期

裏切りに見合う対価として金品や加増などを約束

戦国の世は家臣による裏切りが日常茶飯事だったとはいえ、行為が露顕した際には処罰を受けるなど、相応のリスクはある。いざそれに踏み切るには何らかのきっかけが必要だった。ほかの家臣に蹴落とされたり、不祥事を起こして家中に居場所がなくなるなど、やむにやまれぬ立場に陥ったときがそうだろう。これは本人に事情がある場合だが、敵側からそそのかされて寝返る場合も多々あった。そそのかす側からすると一種の調略である。

たとえば城攻めでは、敵領に遠征してきた攻める側がどうしても不利となってしまう。着陣の時点から兵は疲弊しているし、敵領内での野営は心身を削るからだ。兵糧にも限りがある。そこで軍師や策士たちは城側に味方をつくって内応を誘い、状況を打開しようと画策したのだ。

とはいえ、誰であれ何の利益もない誘いに乗るはずもない。このとき調略を行う攻め手は、城内の内応候補者に対して、いくつかの提案を行う。たとえばわかりやすいところで金や加増などの恩賞である。攻め込む城が大名の本拠ではなく支城である場合、城主と大名との間の現在の利害関係に照らして、相手よりうま味のある条件を差し出せば、かなりの確率で裏切りに応じる。支城を守るのは、大名の本来の家中ではなく、元はその土地の在地領主（国衆）であることが多いからだ。そんなときは戦後の本領安堵（領土の保全）を約束してやるのが効果的だった。

勝ち負けはさておき、いざ戦闘状態に入ると無傷ではいられない。武田信玄も「戦わずして勝つのが兵法なり」といったように、無駄な血を流させることなく城を取ることが戦の中では重要なことだった。小田原攻めの際も、黒田官兵衛は必死の交渉の末に小田原城を無血開城させている。

一章　裏切りの作法

裏切る条件

裏切らせる相手に好条件を出すこと

戦を有利に進め、なるべく早い決着をつけるため、金銭や宝物のほか、本領の安堵や家の再興が条件とされた。

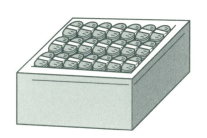

金銭
相手を寝返らせるための基本的な手段が金銭を渡す方法。

宝物
名刀や名馬、茶器などの宝物を贈ることによって裏切らせる。

本領安堵
国人衆や家臣単位の者には、もともと持っている領地をそのまま治める許可をする、本領安堵も条件のひとつだった。

お家再興
他家に攻められたとき、従属を余儀なくされた者には、大名として家の再興を保証することもあった。

裏切りの作法 その六
家中の協力がないと下剋上(げこくじょう)は成功しなかった

| 該当する人々 | 家老 | 一門衆 | 側近 | 役方 | その他 |

| 該当する時代 | 戦国初期 | 戦国中期 | 戦国後期 | 安土桃山 | 江戸初期 |

一国を乗っ取りたいなら事前に相応の準備が必要

　応仁・文明の乱を機に室町幕府の権威は失墜。旧来の価値観が揺らぎはじめる中、力によって権力を奪い取る下剋上が生まれた。とはいえ、誰しもが成功するものではなく、下剋上の成功には事前の段取りが重要だった。

　いざ謀反(むほん)を起こしたとして、誰が自分につき、誰が主君の側に残るのか。その見極めからはじめる。武力衝突が不可避となれば、単純に数がものをいう場面もあるので、多数派工作は進めておくに越したことはない。ただ、数は劣っていても、累代の重臣、戦場の英雄、主君の側近といった家中の有力者を味方につけることができたら、それだけで企てを有利に運べる。そこで姻戚関係を結んだり、買収したり、事後の栄達を約束したり、できる限りの工作を行って自陣営にスカウトした。

　反対に、少ないとはいえ忠義者はいるもの。そうした忠義者が一角の実力者の場合は敵に回すと厄介だ。そのときは手段を選ばず、偽りの情報を流すなどして事前に失脚へと追い込んでいく。相手を謀反人として処罰させる一方、自分を忠義者と見せかけることができれば一挙両得だ。

　協力者を領外に求める手もある。大名や国衆など他国の力を借りるのだ。ただこれは最後の最後での手段。主君を討っても、その代わりに協力を求めた他国の風下につくことになるなら、元も子もないからだ。

　主君を討ったら、それでおしまいではない。かえって謀反人として誅伐(ちゅうばつ)される可能性もある。そうならないためにも、主君が暗君で領民が苦しめられていたとか、主殺しを正当化する理由を事前に用意しておく。事を起こすならば考え得るあらゆる手を打ち、断固たる信念に基づいて行動すること。当時、それをできた者だけが下剋上を成し遂げることができたのだ。

一章　裏切りの作法

下剋上の流れ

下剋上の裏には計画性があった

下剋上といえども誰でも成功させることができるわけではない。その人の能力や野心があってこそ成功するのだ。

裏工作
主君の無能さを指摘するなど、ほかの家臣と反主君の派閥をつくるように情報戦を行う。

主君の殺害・追放
ある程度仲間が集まったら決起をして、現状の主君を殺害したり、他国へ追放する。

傀儡化（かいらいか）
正当性を強めるために能力が低い元主君の親族を後継者として立てて、裏で実権を握る。

再度主君を殺害・追放
家中で地盤を固め、後継者を暗殺、または追放し自分が大名として君臨する。

Column

清洲会議（きよすかいぎ）で後継者になった三法師（さんぽうし）とその後

山崎の戦いのあと、秀吉は清洲会議で信長の孫でまだ3歳の三法師を後継者として立てた。秀吉の野望のために利用されたわけだが、その後は元服時に秀信（ひでのぶ）と名乗り、祖父伝来の美濃（みの）を治めたり、朝鮮出兵にも参加。しかし、関ケ原の戦いで西軍に味方して敗北、出家して高野山に向かうも信長と対立した過去から入山を断られるなど散々な人生を過ごし、最期は山の麓で暮らして26歳の若さでこの世を去った。

裏切りの心得　裏切りの方法　裏切りの回避法

29

| 裏切りの作法 その七 | 内輪もめは練りに練った 敵国の戦略だった |

| 該当する 人々 ▷ | 家老 | 一門衆 | 側近 | 役方 | その他 | 該当する 時代 ▷ | 戦国 初期 | 戦国 中期 | 戦国 後期 | 安土 桃山 | 江戸 初期 |

緊密な関係にある者同士は 離間の計で仲を裂け！

　さまざまな策によって敵内部に亀裂を生じさせる調略。勝敗を武力衝突の結果としか見られない典型的な武人には嫌われがちだが、戦う以上は無傷ではいられない。自軍の損耗を避ける意味で、数々の調略を用いて戦わずして勝つことは上策中の上策であった。

　離間は敵中に噂などを流すことによって、同盟間、主君と家臣の間といった関係を引き裂く計略だ。1555年、毛利元就は対立する大内家の重臣陶晴賢との決戦に先だち、その重臣・江良房栄に対して内応（内通）を促したとされる。房栄はこれに応じるも、さらなる加増を要求。そこで元就は交渉の事実を晴賢周辺に流し、房栄を誅殺に追い込んだ。これには房栄が内応を断固拒否したため、虚報を流したという説もあるが、いずれにしても離間の計の成功例として知られる。

　知勇兼備の将として知られた江良房栄を失ったことは、同年の厳島の戦いにおいて、陶晴賢が毛利元就に敗北する大きな要因のひとつとなった。元就はこの離間の計のほかにも、戦前からさまざまな謀略をめぐらしたとされる。戦国大名数あるうちでも策略家として名高い元就の、面目躍如たるエピソードといえよう。

　天下人にもっとも近いところにいたふたり、羽柴秀吉と徳川家康の直接対決となったのが1584年の小牧・長久手の戦いである。このころ、秀吉と織田信長の次男・信雄との関係は悪化の一途をたどっていた。そんな中、秀吉が信雄の3人の家老、津川義冬、岡田重孝、浅井長時に内応を持ちかけると、これを知った信雄が三家老を誅殺。怒った秀吉が兵を挙げ、信雄・家康の連合軍との合戦に発展した。そして戦の最中、殺された三家老の一族が信雄に造反。秀吉が戦前に打った布石は見事に効果を上げたのだった。

一章　裏切りの作法

離間の流れ

華々しい戦の裏には心理戦があった

戦国時代では自軍の損害を減らすために調略が行われた。そのひとつの離間は対象を疑心暗鬼に追い込んでいった。

離間の計の主なパターン

虚報
敵の領地や城内で、有力家臣が敵の勢力とつながっているという嘘の情報を流し、大名とその家臣の仲を引き裂く。

書状
相手にただの書状を送るのも効果的。織田信長は上杉謙信が侵攻してきた際、先鋒の柿崎景家と手紙による内通のように見せかけて謙信に疑念を抱かせ、景家の自刃を狙ったという逸話がある。

誅殺・自刃・寝返り
敵の計略に陥った大名によって、家臣は大名の命により誅殺されたほか、切腹を申しつけられる。身の危険を感じて敵国へ自ら寝返ることもあった。

Column

妻をもだました信長

信長は斎藤道三の娘・帰蝶を正室に迎えたあと、毎晩のように夜中に出かけるという行動を繰り返していた。帰蝶がそれを問いただすと「内応した斎藤家の家臣が道三を殺したら狼煙があがることになっている」という嘘の情報を流し、帰蝶はそれを道三に報告。だまされた道三は2名の重臣を殺してしまった、という逸話がある。

裏切り者がいれば堅固な城もあっさり落城した

裏切りの作法 その八

| 該当する人々 | 家老 | 一門衆 | 側近 | 役方 | その他 |
| 該当する時代 | 戦国初期 | 戦国中期 | 戦国後期 | 安土桃山 | 江戸初期 |

敵の内情を知る者を得れば戦を有利に進められる

内部の者がひそかに敵に通じる内応。内通と同義で、敵方からの寝返り工作に応じることもあれば、自ら主家を見限って敵に通じることもあった。

1575年の長篠・設楽原の戦いに敗北したことで、信玄の時代に戦国の雄とおそれられた武田氏も急速に衰退。多くの譜代の家臣が、後継者の勝頼の元を去っていった。甲斐武田氏では家臣団のうち、信玄の親族を中心とした家臣を御一門衆（親族衆）と呼びならわしていた。長篠・設楽原の戦いの後、織田信長の調略に内応して旧主の武田氏に離反した木曾義昌もそのひとり。重臣の裏切りに激怒した勝頼は義昌の領地である木曾谷に進軍、人質にとっていた義昌の母、嫡男、長女を処刑したことから、信長は甲州征伐に踏み切る名目を得ることになる。

同じく御一門衆の穴山信君は、家康に内応。その際、甲斐一国の拝領と武田の名跡継承を条件とした。義昌のことが念頭にあったのだろう、信君は事前に人質を逃亡させている。甲斐侵攻の案内役となった信君は、戦後に家康の与力衆に取り立てられた。

木曾義昌と穴山信君の例は、内応の背景に主家の弱体化や主君の暗愚さがあった典型といえるだろう。特に前主君が武田信玄のような名君ともなると、後継者は何をやっても比較され、揚げ句に父には及ばないとされがちだ。そこは同情の余地があるかもしれない。

敵方に味方の機密情報を流したり、敵軍を自陣に招き入れることが可能になるため、内応は攻城戦でも用いられて効果を発揮した。外部からのいかなる攻勢も跳ね返す天下の堅城も、内側から崩されてはひとたまりもない。攻め手に激しい消耗を余儀なくさせる攻城戦では、内応者をつくって内から門を開かせることがもっとも賢く、兵に優しい戦法であったのだ。

一章　裏切りの作法

内応の効果

ヘッドハンティングとして実用的な内応

他国の有能な家臣を引き抜くほか、事前に通じ合っておいて戦の最中に寝返りさせる実践的な調略法が内応だ。

引き抜き
敵国や近隣大名の家臣の中でも、有能な者を自分の家臣にすること。

寝返り
戦の最中に事前に通じていた敵方の武将を味方につけること。

鞍替え
他国へ侵攻する際に、国人の領主などが攻め手側に臣従すること。

乗っ取り
家臣が主家の当主にすり替わって、新たに国を治める大名となること。

Column

竹中半兵衛による稲葉山城乗っ取り

名軍師として名高い竹中半兵衛だが、美濃の大名斎藤龍興に仕えた時代、酒色に溺れていた龍興をいさめるため、城内に人質として置いていた弟の重矩に仮病を使わせ、見舞いと称して城に乗り込むと難攻不落とされた稲葉山城を乗っ取ってしまった。

裏切りの作法 その九

寝返りの偽情報を広げて戦を有利に進めた

該当する人々 ▷	家老	一門衆	側近	役方	その他

該当する時代 ▷	戦国初期	戦国中期	戦国後期	安土桃山	江戸初期

きっと嘘とは思っていても信じてしまうのが流言の怖さ

流言飛語という言葉がある。流言も飛語も根拠のない噂。デマとほぼ同義である。現代でも扇動的に用いられて世を騒がせることがあるが、戦国時代も戦場に流言はつきものだった。時宜にかなった流言は、時に真実と区別のつかない説得力を持って陣中を駆け抜け、合戦の勝敗を左右することさえあった。

戦国の幕引きとなった大坂の陣。その開戦に先だち、紀州の浅野長晟は豊臣方（大坂方）から味方になるよう誘われる。長晟は関ケ原の戦い以後は徳川家に仕えていたが、元は豊臣家の家臣。誘いの声をかけられること自体は不自然なものではなかった。しかし長晟の忠義の心は既に徳川の上にあり、このときの誘いも拒否する。ただ、勧誘があったのは事実であるため、疑念だけは残ってしまう。

そして冬の陣を経て行われた元和元年（1615年）の大坂夏の陣。天王寺・岡山の戦いの最中に、長晟寝返りの流言が広がり、徳川方に動揺が走った。その隙を見逃さなかったのが勇将として知られる真田信繁（幸村）である。家康の本陣に三回にわたって突撃をくり返し、混乱状態の中で家康は、切腹さえ口にしたという。信繁はこのとき、後の世に「日本一の兵」と称されるほどの奮戦を見せるが、しょせん数の力には勝てず、家康の首を奪うことはかなわなかった。

もし豊臣方の流した虚報による徳川方の混乱に乗じ、真田隊の襲撃が成功して家康が命を落としていれば、大坂の陣の結果はまた違ったものになっていたかもしれない。最終的な勝敗に変わりはなくとも、豊臣家が滅亡しなかった可能性もあったはず。そう考えると、まさにこの出来事は、流言をきっかけに形勢逆転寸前までいった代表例ということができるだろう。

一章　裏切りの作法

流言飛語の流れ

嘘であっても現実になってしまうのが流言飛語

事実無根な嘘の情報であっても、人間の持つ猜疑心を利用した流言飛語はどのように用いられたのか。

流言飛語の主なパターン

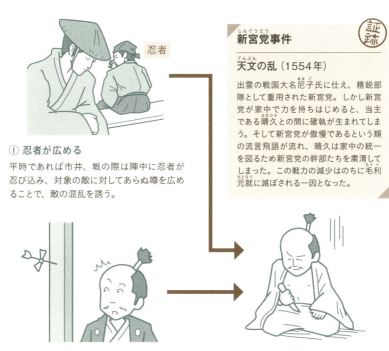

① 忍者が広める
平時であれば市井、戦の際は陣中に忍者が忍び込み、対象の敵に対してあらぬ噂を広めることで、敵の混乱を誘う。

② 矢文を放つ
忍びなどを使って、敵の大名や家臣に直接的に矢文を放ち、疑心暗鬼に陥れる方法。

自刃などに追い込む
流言飛語を流された敵方の大名や大将は、疑心暗鬼に陥り、ありもしない謀反の疑いを家臣にかけて切腹を命じる。

証跡　新宮党事件

天文の乱（1554年）

出雲の戦国大名尼子氏に仕え、精鋭部隊として重用された新宮党。しかし新宮党が家中で力を持ちはじめると、当主である晴久との間に確執が生まれてしまう。そして新宮党が傲慢であるという類の流言飛語が流れ、晴久は家中の統一を図るため新宮党の幹部たちを粛清してしまった。この戦力の減少はのちに毛利元就に滅ぼされる一因となった。

Column

風魔党と合言葉

ひとつの謀略によって戦の結果は変わってしまう。そこで北条家が抱えた風魔党では、敵の忍びが紛れ込んだとき瞬時にわかるように、立ちすぐり・居すぐりという合言葉を使って敵・味方を判別していたという。

裏切りの作法 その十

答えが出ないときは
日和見で時間稼ぎをした

該当する人々	家老	一門衆	側近	役方	その他

該当する時代	戦国初期	戦国中期	戦国後期	安土桃山	江戸初期

安全圏から様子をうかがって形勢有利な方につく

　本来は空模様をうかがうときに用いる日和見。しかし多くの場合、この言葉には否定的な印象がついて回る。そこから派生した「日和る」という現代語も、相手を非難するときに使われるのが普通だ。戦場における日和見も同様。決まった相手に味方するのではなく、とりあえず戦いの雲行きをうかがうどっちつかずの行為を指す。

　結果的に形勢有利な方に味方しよう、あるいは合戦に勝った者に追従しようという姿勢は、戦略戦術の範疇だとしても、どこか卑怯な印象は拭えない。日和見戦術は、お家の存亡を左右する、重要な局面で用いられることが多かったというが、それでも褒められたものではない。

　天正10年（1582年）は戦国時代を通じて、ある重大な事件が起きた年である。天下をほぼ手中に治めかけていた織田信長が、明智光秀の謀反によって命を落とした本能寺の変だ。このとき、いかに判断し、いかに行動したかによって、有力大名たちのその後の運命が定まったといっても過言ではないだろう。

　変の後、首謀者の明智光秀は、縁戚関係にあり交友も深かった筒井順慶に助力を頼んだ。ところが順慶は、山城国山崎の南にある洞ヶ峠に陣を敷くと、評定を続けるばかりで事を静観し続けた。その間にも中国遠征中だった羽柴秀吉が驚くべき速さで畿内に帰着、山崎で光秀軍と衝突することとなる。

　順慶は秀吉からの誘いにも恭順を伝えただけで軍を動かさず、合戦が決着を見るまで、陣を動かすことはなかった。典型的な日和見である。この故事を受けて、様子見をすることを「洞ヶ峠を決め込む」というようになった。

　山崎の戦いに勝利した秀吉は、順慶の遅参を叱責したという。武人にあるまじき順慶の日和見ぶり。むしろよく叱責だけで済んだものである。

36

一章　裏切りの作法

その他裏切り方

ずる賢く生きるのが乱世を生き残る術だった

戦国時代では離間や内応、流言飛語だけが裏切る理由ではない。情勢や信仰も裏切る理由のひとつになったのだ。

日和見
戦の際に中立を保ち、どっちつかずの態度を取ること。合戦が終わるころ有利なほうにつく。

信仰による裏切り
戦国時代は一向衆などの宗教勢力が強い時代だった。そのため主家と信仰している宗教が対立したとき、その一揆に加担する例もあった。

家臣FILE
宰相殿の空弁当

有力大名のひとつ毛利家。関ケ原の戦いでは西軍に味方したが、いざ開戦すると前方に布陣した吉川広家が出撃を拒否して停滞。味方に「今兵士に弁当を食べさせている」という嘘をつき、結局毛利軍は一戦も交えることなく合戦は終了。家康は戦後処理として日和見をした毛利家の所領を大幅に没収。この出来事は「宰相殿の空弁当」と呼ばれ、故事として後世に語り継がれることとなった。

家臣FILE
本多正信の出奔

本多正信は徳川家康の参謀としてその天下取りを支えたひとり。はじめ鷹匠として仕えていたが、家康と正信が信仰していた三河の一向宗が対立すると出奔して加担する。一揆が鎮圧されると正信は諸国を放浪したのち、家康に許されて帰参した。

家臣が大名を縛りつける法律が存在した

裏切りの作法 その十一

該当する人々 ▷ 家老 / 一門衆 / 側近 / 役方 / その他

該当する時代 ▷ 戦国初期 / 戦国中期 / 戦国後期 / 安土桃山 / 江戸初期

大名ごとに分国法を制定し領国支配のために活用していた

　戦国時代の法律、分国法は各地の大名が独自に制定していた。所定の形式はなく、内容もその質量も各家中によって異なるが、領国支配の手段として用いた点に変わりはない。なぜ裏切りが生じるのか、年貢収入が不安定なのか、領内でトラブルが絶えないのか。その理由を考えたとき、家臣団統制と農民支配こそ領国経営の最優先事項であることがわかる。分国法はそのためにこそ必要だったのだ。

　『朝倉孝景条々』は最初期の分国法で、越前国守護の朝倉孝景が文明11年（1479年）から文明13年（1481年）までの間に制定したとされる。軍事や国防、民政、文化、裁判などの他、人材の登用や家中の統制など、その内容は多岐にわたる。中には夜間、城内で能楽に興じてはいけないといった興味深い条文も見られる。後世の評価が高い分国法だが、当時もかなり影響力があり、隣国の甲斐武田氏の『甲州法度之次第』も、この朝倉孝景条々を手本につくられたといわれている。

　駿河の今川氏親が制定した『今川仮名目録』は、自分の邸に侵入した者は、たとえ夜這い目的であっても殺害してよいとしている。ただし侵入した者が自分の下女と婚姻している場合は、国外への追放処分で済ませると明記されている。時代を感じさせる条文だ。

　また分国法といえば、大名が中心となって制定し、家臣の統制を図るものというイメージが一般的だが、近江の六角義賢とその子義治の父子が定めた「六角氏式目」には「御判や奉書（大名の指示が書いてあるもの）を家臣と審理を行わずに出してはなりません」「竹木が必要なときはその土地のものに損失が出ないようになされよ」といった家臣が大名を法の下に縛るような内容がみられるのだ。そのため日本版"マグナ・カルタ"と呼ばれている。

一章　裏切りの作法

今川仮名目録

お手本のような戦国最高峰の分国法

駿河の今川氏が作成した、追加も含めて全54条からなる今川仮名目録。完成度が高くほかの分国法に影響を与えた。

逐電した家臣の処遇
罪を犯した者やその家に代々仕えている者を除いて、家臣が逐電したとき20年以上戻らないのであれば、捜索を打ち切って連れ戻すことはやめなければならない。

難破船の処分
難破船が海岸に流れ着いたときは元の持ち主を探して返さなければならなかった。もし持ち主が不明であれば船を解体して、神社の修繕のために寄贈することとされた。

他国との交流
他国から家臣に対して書状が届いた場合には、内通を防ぐ手立てとして、主君の許諾なしに返信をしてはならなかった。

家臣や民への気遣い
今川仮名目録では、訴訟は遠慮することではなく忠節を示すものとされ、分国法の下に訴え出た者には褒賞が用意されたという。

早雲寺殿廿一箇条

家臣への戒めが事細かに明記された分国法

伊勢宗瑞（北条早雲）が制定したとされる分国法で、家臣の生活やあるべき姿に関して事細かく書かれている。

早寝早起きを心がけよ

遅く起きると家臣がだらけるほか、戌の刻（19〜21時）までに寝ないと夜盗に入られる、という理由から北条早雲は早寝早起きを分国法に規定した。

他人の装飾を羨むな

家臣の服装は見苦しくなければよいとして、逆に刀や衣服に関しては他人の影響を受けたり、高価なものを身につけようとすると周りの嘲笑を買うのでやめるよう規定した。

雑談するな

周りの人の目が及ぶところで談笑や雑談をすることを厳禁とした北条家。そうした行為をする人と関わりを持つことも同じく厳禁とした。

空いた時間には読書をせよ

識字率が低かった戦国時代で、家臣が読み書きを忘れないよう、日ごろから書物を携帯して空き時間ができたら読むようにいわれていた。

一章　裏切りの作法

塵芥集(じんかいしゅう)

御成敗式目を丸パクリした分国法

伊達稙宗(たねむね)が制定した塵芥集は、御成敗式目をモデルとしている。その影響かそのまま引用して不明瞭な部分もある。

「やられたらやりかえす！」はNG
家臣や領民が他の者から殴られたとき、主家の処罰を受ける前に殴り返してしまったら、殴られた人も処罰されていた。泣きっ面に蜂とはまさにこのことである。

負傷者が多いほうが勝ち
喧嘩や口論が起きたときには、それに勝ったグループではなく、負傷者が多いグループを勝訴としていた。

急がば回れ
主家へ出仕する際に、遅刻などの理由から近道をするために封鎖していた道を無断で通るのは厳禁で、処罰の対象となっていた。

証人は自分で連れてこい
窃盗や強盗などの犯罪が起きたとき、被害者は生口(せいこう)と呼ばれる生き証人を自力で連れてこなければ、奉行に裁判をしてもらえなかった。

裏切りの作法 その十二	裏切りの防止は家臣への 正しい評価が重要だった

該当する 人々 ▷	家老	一門衆	側近	役方	その他

該当する 時代 ▷	戦国 初期	戦国 中期	戦国 後期	安土 桃山	江戸 初期

御恩と奉公の好バランスが 裏切りの抑止力となる

家臣は裏切るもの。返り忠の概念があった戦国時代ではそれくらいの割り切り方をしていた。武士の主従関係は、そもそもドライなもの。その基盤となったのが御恩と奉公という考え方である。主君である大名が知行（土地や俸禄）を保証する代わりに、家臣となる者たちは軍役などの奉公でそれに報いるといった関係性だ。

この場合、家臣が受け取る領地や金銭などの俸禄が、働きに見合ったものであれば問題はない。反対に知行を与える側の主君にとって、家臣が俸禄相応の働きを見せてくれれば文句なしだ。問題は、このバランスが崩れたとき。持ち出しの多い側に不満が溜まる。

たとえば家臣の奉公が、与える御恩に見合わないと判断される場合、主君は家臣の所領を削減したり没収することがあった。

一方、家臣から見て下される御恩に不満がある場合、逆に主君を見放して出奔することもあった。信賞必罰という言葉がある。賞罰は厳格かつ正当にといった意味で、功績に正しく報い、罪科を見逃さない姿勢を見せないと、家臣の心は主君から離れていく。つまり親族や一門は別として、戦国時代の一般的な主従関係は、今でいう契約に近いものだったのだ。そして契約解消時の状況次第では、家臣の不満が裏切りや寝返りに発展する可能性も十分にあった。

去るも留まるも自由な風潮の中、大事な戦力である家臣の心を繋ぎ止めるには、主君の側にもそれなりのかじ取りが必要だったのだ。家臣の視点からすれば、主家が戦に勝っていれば、その先の知行の増加という御恩が見込めるため、裏切りという発想には至らない。ただ大名から御恩を無下にされてしまったのであれば、待遇の不十分で裏切りで報いることになるのだ。

一章　裏切りの作法

大名と家臣の関係

鎌倉時代から続く御恩と奉公の関係

封建制度は戦国時代にもあったが、大名からの信賞必罰に気を遣われていなければ、家臣は下剋上を考えるのだ。

御恩と奉公

御恩
大名から家臣に対して保証される、領土やその安堵。

奉公
大名から受けた御恩に対して報いるために尽くすこと。

家臣団

家臣に見限られないためには

合戦に勝利
家臣団の結束を強めるためには戦に勝つことが重要。領土を大きくすれば家臣は逃げるのではなく増えていくと考えられた。

適正な評価
戦のあとの論功行賞は、自分の贔屓の者だけを評価してはならないとされた。

信賞必罰
平時の内政や戦においても、手柄を立てた者に対しては褒美を与え、逆に罪を犯した者や軍令違反の者は処罰した。

| 裏切りの作法
その十三 | # 実力がものをいう時代に
権威など無意味であった |

| 該当する
人々 ▷ | 家老 | 一門衆 | 側近 | 役方 | その他 |

| 該当する
時代 ▷ | 戦国
初期 | 戦国
中期 | 戦国
後期 | 安土
桃山 | 江戸
初期 |

権威がものをいう時代 実力があればなおおよし！

大名に仕える家臣をはじめ、それまで周囲から侮られていた小領主、出自の怪しい人物などが下剋上により成り上がっていた時代。しかし、こうした者たちが服従するには大名家に実力と権威が伴っている必要があった。ここでの実力は兵力や軍の強さであり、権威は官位のことである。

徳川家康の名参謀として仕え、家康の人質時代からのつき合いだった石川数正は、小牧・長久手の戦い後の天正13年（1585年）に突如徳川家を出奔。豊臣家へ仕官することとなる。その理由は現代に至るまで明らかになってはいないが、調略を好んだ秀吉による何らかの誘いがあったと見られる。当時強大な勢力を築き、天下に一番近かった秀吉に靡いたとも見てとれる。重臣だったために徳川家の軍事機密も知っていた数正の出奔は家康を大きく動揺

させ、軍制（軍に関する制度）を変更せざるを得なかったという。

また秀吉の関白、家康の征夷大将軍といった官位は、家臣たちにとって逆らってはならないという大きな抑止力となった。ただいかに立派な官位を名乗っていても、実力が伴わなければ話にならない。

たとえば北条氏康によって、関東を治める関東管領・上杉憲政が追い出された際、その官位を譲られた上杉謙信が関東に侵攻してきた。官位としては謙信のほうが無冠だった氏康より立場が遥かに上であり、ほかの関東の諸将たちも謙信に従った。絶体絶命の氏康だったが、難攻不落の小田原城に籠城の末、撤退させることに成功。これ以降幾度となく謙信によって攻められるもその度に追い返し、関東一帯に領土を広げていくことで家臣たちも北条家を信頼するに至った。その結果秀吉に攻められるまで関東に一大勢力を築くことができたのだ。

一章　裏切りの作法

実力がある者が権威となる

関東管領の上杉氏が北条氏に武力で追い出されたように、官位だけで実力がなくては国を治めることはできなかった。

実力ありきの権威

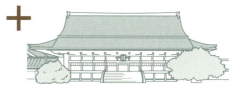

実力
敵国を寄せつけない、下剋上も許さないといういわば武力が必要だった。

権威
朝廷からもらう官位。朝廷からもらう官位は権威の象徴だった。位の差は上下関係のようなものである。

服従
実力と権威を併せ持つことで家臣団の裏切りや下剋上を防ぎ、服従や臣従をさせることができる。

Column

安土城を使って自らを神格化した信長

大きな天主を持ち威厳に満ちた安土城。それは信長が日本を安定した治世にするという信長の心持ちだったほか、国のトップである天皇を招くための御殿を、自室（天主）の下に置いたことで、自らを神格化しようとしていたという説がある。

	裏切りの作法 その十四

欲しいものは何でも手に入る！
豊かな人質ライフ

該当する人々 ▷	家老	一門衆	側近	役方	その他

該当する時代 ▷	戦国初期	戦国中期	戦国後期	安土桃山	江戸初期

よい生活をしてはいても
人質には常に命の危機があった

戦国大名たちは、同盟相手や家臣が容易に裏切らないように人質をとった。特に跡継ぎがひとりしかいない家臣にとっては、忠義を尽くす最大級の理由となる。

人質に選ばれるのは、ほとんどの場合が血縁者。子どもや母親、妻などである。子どものうち、特に後継者である嫡男を人質として預かることは、裏切りに対する強い抑止力となった。大事な血縁者を人質に取られてなお、裏切るというケースももちろんある。その場合、裏切る側の強い覚悟がうかがえる。あるいは、敵を油断させるためにあえて身近な人間を人質として差し出すこともあったかもしれない。この場合、人質というより人身御供といったほうが適当だろう。

人質が必ずしも酷い扱いを受けたというわけではない。重要人物から預かった人質となれば、それなりの扱いを受けていた。徳川家康は竹千代の幼名で呼ばれた少年時代、駿河・遠江を中心に広大な所領を持つ今川義元の人質となった。そこで竹千代は武将としての知識や心構えを吸収し、元服の折には義元から偏諱を与えられて元信（のちに元康）の名を得た。また、今川義元の姪（のちの築山殿）を娶っている。かなり優遇されていたのだ。

人質が人質のまま一生を終えることは稀である。いずれ人質を送った方と送られた方の関係が変化すれば、その立場も微妙なものになっていく。関係悪化は当然、人質の首筋が涼しくなる状況。悪化度合いがそこそこなら実家に送り返される程度で済むが、戦も辞せずの不穏な空気が流れれば、見せしめに殺されることもある。中には自分の身を取引材料に使われないため、自ら命を絶つ者もあった。よい生活を送れるケースもあるが、その運命は主家の行動次第であった。

一章　裏切りの作法

人質の生活

家康は勉学や武芸の多くを人質時代に学んだ

家康は人質時代に不遇の生活を送ったイメージがあるが、このときに天下人としての基礎が備わったのである。

家康の人質生活

学問に励む
今川家に預けられた家康は、智源院の智短和尚に手習いし、軍師である太原雪斎にも勉学を学んだといわれている。

武芸を磨く
家康は武芸に心得があり達人の域に達していたという。人質の時代から武芸を磨いていたのだろう。

名前をもらう
14歳のときに家康は元服。義元から「元」の一字をもらい「元康」と名乗った。

娘を娶る
16歳になった家康は義元の姪の築山殿と結婚。その後は初陣も飾り、勝利した。

Column

井伊直政と大政所

小牧・長久手の戦いのあと、家康を支配下に置きたい秀吉は、実母の大政所を人質として家康に送った。その世話係を頼まれたのが井伊直政。彼は大政所を丁重に扱い、ときには菓子を持って機嫌をとり、また容姿端麗だったことから大政所と女中から人気者だった。かくして主君の顔に泥を塗ることなく務めを終えた。

<table>
<tr><td>裏切りの作法
その十五</td><td colspan="2"></td></tr>
</table>

寝返ると人質が竹槍で串刺しにされた

該当する人々 ▷	家老	一門衆	側近	役方	その他

該当する時代 ▷	戦国初期	戦国中期	戦国後期	安土桃山	江戸初期

裏切りには報復を！人質の悲惨な末路

　裏切りの報いが自らの破滅であれば、それはそれで納得のいく結末ではある。しかし、事はそう単純ではない。絶対的な権力者でもない限り、上位の者への忠義の証として、同盟者への信頼の担保の意味で人質を取られていることが多いからだ。その場合、裏切りは忠義や信頼を否定することになり、人質は報復や見せしめの材料となってしまう。

　裏切られた側が大した損失を被らなかった場合でも、そこでへたに人質に温情を見せると、それはそれで周囲に侮られる原因となる。面子を潰されていながら、適切な報復を行わない臆病者と家臣たちに思われるだけでなく、敵対勢力にも甘いやつとなめられてしまう。戦国の勝者となるには、ときに断固たる決意を示す必要があるのだ。

　人質にとって裏切った人間は父であり、夫であり、主君でもある。見捨てられる可能性も常に考えていたにしろ、いざ処刑の段には大きな絶望に囚われたことだろう。そしてこうしたケースでは、人質に対する処刑法は残酷な手段が取られることが多かった。たとえば磔（はりつけ）にした上、竹槍で肛門から喉まで刺し貫く串刺し刑などである。

　裏切った人間だって無傷ではいられない。目的のため、身内を犠牲にしたことは後ろ指をさされる理由になる。同情もされるだろうが、いざとなれば血縁者でも見殺しにする冷血漢というレッテルが貼られかねない。また、人質として価値のある者の数にも限りはあるので、安易に捨て駒として用いていたら、あっという間に血縁者が減ってしまう。秀吉の死後に豊臣家が滅亡したのも、親類縁者が決定的に少なかったから。もっとも身近な味方であると同時に、家督継承によって権力維持に説得力を持たせるためにも、血の繋がった親族、一門は重要なのである。

一章 裏切りの作法

人質の運命

家臣の罪を代わりに被った人質たち

家臣の裏切りを抑制するための人質だが、鞍替えや寝返りをした家臣の妻子たちは構わず処刑された。

裏切った家の人質の運命

市中引き回し
裏切った家臣からの人質は城や屋敷などから連れ出され、市中引き回しを受けながら処刑場へと向かった。

磔
柱に縛られ槍や鉄砲で処刑される。お尻から喉まで槍で貫通させる「串刺し」にされたケースもあった。

Column

信長を裏切った荒木村重の人生

摂津を治めていた村重は、信長の上洛とともに織田家へ仕官した。信長からも重用され、摂津一国を任されるほどに。信長が刀にまんじゅうを刺して差し出すと、村重は平気な顔で食べたという逸話もあるほど従順だった。しかし信長による本願寺攻めの際、信長との性格の不一致や、家臣による本願寺勢への兵糧横流しなどもあり、織田家に謀反を起こす。そして籠城の折に妻子を見捨てて逃走。人質となった正室や子息、その侍女などに至るまで160名近くが処刑された。信長の死後は道糞と名乗って茶人に転身し、千利休とも面識を持ったという。

column ①

武士の憧れは鎌倉時代末期の
英雄・楠木正成

裏切りの時代でも「忠臣の鑑」だった

　戦国時代に限らず、江戸時代から戦時中に至るまで、日本国民の憧れだったのが楠木正成だ。正成は後醍醐天皇の鎌倉幕府討伐の計画に協力し、いかなる逆境でも忠義を貫いて戦い抜いた。その功績から皇居にも銅像が建てられ、天皇家も代々その忠義を称えている。日本人の中で正成の人気が急上昇したのは江戸時代とされ、中国からの儒教の流入もあってか、主君や組織に忠義を貫くのが当たり前という風潮があった。戦国時代は裏切りや謀反だらけの血なまぐさい時代だったが、正成が登場する『太平記』は当時から多くの人に読まれており、秀吉に仕えた竹中半兵衛が「昔楠木、今竹中」と呼ばれたように、忠臣の鑑として人気があったようだ。

二章

家臣の作法

戦国大名に仕えた家臣たち。本章では彼らがどういう役職に就いてどういう仕事をし、普段はどういう生活を送っていたのかに迫る。その仕事ぶり、それに対しての俸禄、住まい、身だしなみ、教育、茶器などのステータスシンボルを知れば、往時がよみがえるだろう。

| 家臣の作法 その一 | ナンバー2のポジションは
家臣たちのまとめ役 |

| 該当する
人々 ▷ | 家老 | 一門衆 | 側近 | 役方 | その他 |

| 該当する
時代 ▷ | 戦国
初期 | 戦国
中期 | 戦国
後期 | 安土
桃山 | 江戸
初期 |

家臣団中最高位の役職は大名ごとに呼び名が異なる

大名の家臣団のうち、最高位の役職だったのが家老だ。鎌倉時代から武家に存在し、軍事・内政の両面で主君を補佐する重要な役職といわれる家老職だが、その呼び方は大名家の制度の違いで異なっていた。

織田家では「宿老」と呼ばれ、柴田勝家、丹羽長秀、池田恒興、羽柴秀吉が該当した。また武田家では「両職」と呼ばれ、庶家筋となる板垣信方と甘利虎泰がその任に就いていた。九州豊後の大友家では同様の役職にあった立花道雪が「年寄」と呼ばれていた。なお江戸時代になると、年寄という役職は将軍に代わって内政や財政をとり仕切る役職へと変化していく。

家老を頂点に組織化された家臣団だが、組織が大きくなるにつれ、主君ひとりでそのすべてを掌握するのは難しくなる。そこで導入されたのが寄親・寄子制である。

名前からもわかる通り、親子関係を擬した保護者と被保護者の関係で、大名に指名された家臣が寄親となった。多くの場合、寄親には大名の信任厚い優秀な家臣が任命され、新しく家臣となった者は、寄子として寄親の支配下に入るのが一般的だった。なお、大名は寄親との主従関係を強化するため地位を保障。寄子がみだりに寄親を変えることを禁止するなどのルールを設けた。また、寄子が大名へ訴訟するときは、寄親を介さなければならなかった。ただし寄親とはいえ、無茶苦茶は許されない。恩給を与えずに永く寄子とし続けることは禁止された。

寄親・寄子制を導入した戦国大名は、北条氏、今川氏、武田氏、六角氏、毛利氏などが挙げられる。鎌倉時代の武士は惣領制といって血縁関係にある者同士が結びついて集団を形成していたが、寄親・寄子制であれば血のつながりなど関係なく組織を拡大できたのだ。

二章　家臣の作法

家老の職務

軍事・内政の両面で支える重要な役職

家老は戦国大名を補佐するナンバー２のポジション。その呼び名は地域によって異なり、宿老や年寄とも呼ばれた。

家老の職務：平時
家臣の中のトップで、平時の際は領国経営や外交などの内政面で活躍を見せた。

家老の職務：戦時
戦時においては部隊のリーダーとして軍勢を指揮した。

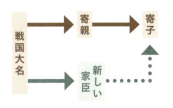

寄親・寄子の関係
戦国大名は優秀な家臣を寄親に指名した。新しい家臣は寄子と呼ばれ、寄親の支配下に入った。寄親も寄子も戦国大名の家臣。

戦国FILE

主君の呼び方も異なっていた

室町幕府に貢献した大名に「屋形号」と呼ばれる称号が与えられたことで、戦国時代の初期は「御屋形様」と呼ばれていた戦国大名たち。その後、室町幕府の権威が失墜すると、戦国大名の呼び名は「殿」に変わっていった。また、天下統一を成した戦国大名は「上様」と呼ばれた。

大名家を支えた重臣　教育係・補佐役・傭兵　家臣の仕事　家臣のステータスシンボル

血縁関係にある絆の強い家臣ほど粛清の対象!?

| 該当する人々 | 家老 | **一門衆** | 側近 | 役方 | その他 | 該当する時代 | **戦国初期** | **戦国中期** | **戦国後期** | **安土桃山** | 江戸初期 |

大名の血縁者には特別な地位が与えられていた

大名の子息や兄弟といった血縁者によって構成される家臣団を一門衆と呼ぶ。大名から何親等までが入るといった厳密な決まりはなかったようだが、家臣団の中でも特別な地位が与えられていた。織田信長の例では、弟の織田信包や次男の織田信雄が一門衆として名を連ねている。

身内びいきという側面もあったかもしれないが、一門衆が最有力者として扱われた最大の理由は"血縁者は裏切らない"という信頼感だった。裏切りが日常的に繰り返される戦国時代にあって、血のつながりによる絆は何よりも信頼できるものだったのである。実際、大名と一門衆による強固な支配体制によって版図を広げた大名は多い。「三本の矢」の逸話で有名な毛利家では、元就から家督を継いだ長男の隆元を次男の吉川元春、三男の小早川隆景が一門衆として支えることで中国地方の支配を磐石なものにした。また、関東を支配していた北条家も一門衆の力を使って広大な関東平野を治めていた。

国の繁栄のため、固い絆で結ばれた一門衆だが、その影響力は時として、大名にとって大きな弱点となることもある。天下人となった豊臣秀吉によって滅亡の道を歩むことになる北条家では、氏政と一門衆との意見の対立が、衰退の原因となったといわれている。

また、敵方の諜報活動によって大名と一門衆の信頼関係にヒビが入ることもあった。毛利家繁栄以前、中国地方の大大名であった尼子家では、当主の晴久を叔父の国久が補佐していた。良好な関係にあった両人だったが、毛利元就の計略によって晴久は国久に疑念を持つようになる。結果、裏切りを恐れた晴久は国久一族を処刑してしまう。裏切りを恐れた理由こそが、一門衆の大きすぎる影響力を考えれば、当然の帰結であろう。

二章　家臣の作法

一門衆の職務

血縁関係が強い家臣で構成された一門衆

戦国大名と近しい血縁関係にある者は一門衆と呼ばれた。子どもや兄弟にあたる者が多く、戦国大名を補佐していた。

大名家を支えた重臣　教育係・補佐役・傭兵　家臣の仕事　家臣のステータスシンボル

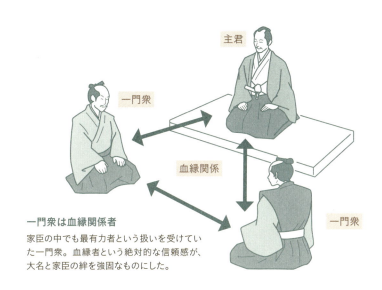

一門衆は血縁関係者
家臣の中でも最有力者という扱いを受けていた一門衆。血縁者という絶対的な信頼感が、大名と家臣の絆を強固なものにした。

影武者も務めた
大名の兄弟が一門衆に加わっていた場合、顔や背丈が似ていることから影武者として活躍することもあった。

一門衆の欠点
血縁関係が強固な分、対立が生じると深刻な影響を及ぼすこともあった。敵国が偽の情報を流して、信頼関係を壊すこともあった。

| 家臣の作法 その三 | 四男以降は虫ケラ扱い！ 跡継ぎ以外は超冷遇 |

該当する 人々 ▷	家老	一門衆	側近	役方	その他	該当する 時代 ▷	戦国 初期	戦国 中期	戦国 後期	安土 桃山	江戸 初期

切ないほどにシビアな 子どもたちの扱い

何人もの側室を持つ大名には多くの子どもがいた。その中で家督を継ぐのは基本的には長男とされており、次男と三男は長男の夭逝に備え、跡継ぎ候補となることが多かった。一方、四男以下は庶家となって宗家を継いだ兄の家臣になる、他家の養子に出される、出家して仏門に入るなど、宗家から切り離されるのが一般的だった。

庶家とは、主君の一族でありながら、その家臣となる家柄である。独立した別の一家とみなすため、直系の血筋を伝える宗家とは別の名字が与えられた。姓が異なるとはいえ、宗家と庶家は親戚である。固い絆で結ばれ、宗家に対する忠誠心もひときわ厚いものだった。甲斐の武田家では、庶家の家柄である板垣家や甘利家の者が家老を務め、宗家である武田家を支えていた。

現代に生きる我々には、跡継ぎにな

れなかった子どもたちの扱いが少々酷いように感じる。しかし、これには理由があった。当主の急死による序列を無視した家督相続争いを未然に防ぐためである。大名家の実権を握ろうとする家臣が、幼い子どもを擁立しての家督争いは決して珍しいことではなかった。そうした事態を避けるため、跡継ぎ以外の子どもたちの力を削いでおく必要があったのである。

跡継ぎ候補となる長男と次男、三男には大名としての英才教育が施されるのに対し、四男以下の扱いは、いわば大名にとっての手駒である。他家に人質として出されることもあり、中国地方の覇者・毛利元就にいたっては、四男以下の子どもたちを「虫ケラ以下」と呼んでいたという記録も残っている。

ちなみに、駿河の今川義元は五男として生まれ、4歳で仏門に入った。しかし、跡継ぎ候補が次々と死亡したことで、宗家に呼び戻され家督を継いでいる。

二章　家臣の作法

家督の継承

跡継ぎ候補は厚遇される家族システム

家の存続が命題であった戦国時代、跡継ぎとしての可能性が低い四男以降の子どもたちは冷遇された。

嫡男（ちゃくなん）
跡継ぎ候補の筆頭は正室が産んだ嫡男であった。側室が先に子どもを産んでいたとしても、正室の長男が跡継ぎの最有力候補だった。

冷遇される子どもたち
四男以下の子どもたちの中には仏門に入れさせられる者もいた。俗世間と切り離され、結婚や子どもを持つことも禁じられた。

人質
勢力の大きい国が勢力の小さい国の子息を人質にすることもあった。のちに自国の重臣にするべく、英才教育を受けさせた。

家臣となる兄弟
跡継ぎが決まると、残りの兄弟たちは跡継ぎの家臣として組み込まれ、一門衆などの格式の高い家臣として戦国大名を支えた。

| 家臣の作法
その四 | 大名の側近である小姓は
夜の相手までさせられた |

| 該当する
人々 ▷ | 家老 | 一門衆 | **側近** | 役方 | その他 |

| 該当する
時代 ▷ | 戦国
初期 | 戦国
中期 | 戦国
後期 | 安土
桃山 | 江戸
初期 |

さまざまな役職があった
大名の側近たち

大名の側で雑務から事務作業などを執り行ったのが「側近」と呼ばれる役職の人々である。

主に小姓や右筆、近習、取次などがこの側近にあたる。彼らは大名に一番近いところにいるため信頼できる者の中から選ばれ、将来は重臣としての地位を約束されていた。

小姓は年少の者が多く、特に美男子が大名から好まれた。というのも、戦国時代では大名による男色は当たり前のことと考えられていたため、小姓は主君の下のお世話もしなければならなかったからだ。

武田四天王と称された高坂昌信も信玄の男色の相手だったとされ、次のようなエピソードが残っている。信玄がほかの小姓と浮気をしたのを知り、それに激怒した昌信はしばらく登城を拒否した。慌てた信玄は「言い寄りはし

たが最後までしていない」と書いた弁明文を送って、必死にご機嫌取りをした、というのだ。

近習は主君の身の回りを警護する役職で、こちらもやはり信頼が厚い者が就けられた。近習たちは24時間警戒態勢でいなければならず、主君が寝ている夜には「近習番所」という場所に留まりながら交代制で警護にあたっていたとされる。

戦国時代の大名の中には読み書きのできない者もいた。そうした大名たちは自分の代わりに手紙を書いたり、行政に関わる記録などを行う「右筆」という役職を重用した。豊臣政権で五奉行だった増田長盛は右筆として秀吉に召し抱えられている。

家臣団が主君に対して上申したいときに仲介役となったのが、「取次」である。用件は書面であっても口頭であっても取次を必ず通して主君の耳に入っていた。ときには他家や朝廷との外交交渉も行っていた重要な役職である。

二章　家臣の作法

大名のお世話

すべては家臣として重用されるため

小姓として有名な森蘭丸(もりらんまる)や、右筆出身の増田長盛など、大名に側近として仕えて出世していった家臣は多く存在する。

側近の種類

美形が多い

小姓
大名の身の回りの雑用をこなし、履物の用意や掃除のほか、戦では命がけで主君を守った。美男子の小姓は、男色の相手にもされた。

右筆
主君の代わりに、手紙などを執筆するための役職。中世の武士は識字率が低く、事務作業をするときに非常に役立った。

大名　近習

近習
大名の身辺警護を行う役職で、信頼できる人材が就けられた。戦時はもちろん、主君が寝ているときも交代で警護にあたった。

大名　書状を読み上げる取次

取次
主君と家臣の間に立って用件を伝えたり、外交交渉にあたることもあった。主君と他者の仲介者をする役職。

大名家を支えた重臣　教育係・補佐役・傭兵　家臣の仕事　家臣のステータスシンボル

家臣の作法 その五

目付は日常だけでなく 戦場の動きまで監視していた

該当する人々 ▷	家老	一門衆	側近	役方	その他

該当する時代 ▷	戦国初期	戦国中期	戦国後期	安土桃山	江戸初期

家臣の中でも特に優秀な者を役方として領地各所に派遣

　内政や合戦、裁判などを主君に代わって執り行う責任者を役方という。主人の決定を実務レベルで遂行する重要な役職であるため、多くの場合、家臣の中でも特に有能な者が選ばれた。

　代表的な役方のひとつが奉行である。主君に代わって政務を執り行う文官集団が奉行衆として組織された。有名なところでは豊臣政権下での五奉行が挙げられる。城などの建設を担当する作事奉行、石垣や堀などの土木工事を担当する普請奉行、城下町を管理運営する町奉行、農村を管理する郡奉行などがあった。

　多くの場合、大名は統治の効率化を目的に領地をいくつかの郡に分け、郡単位での支配を行っていた。その際、各郡に派遣された「郡代」と呼ばる家臣たちは、徴兵や税の徴収を担当した。こうした職務は広大な領地を有する大国には不可欠であり、相模の北条家や甲斐の武田家などで郡代の存在を示す資料が残されている。なお、領内の重要な拠点には、家臣の中でも特に政治能力の高い者は「代官」と呼ばれた。

　目付は戦場において兵の軍令違反を監視したり、兵の手柄を決める論功行賞のための首実検を行った。また平時には、家臣の行動を監視して主君に報告するなど、周囲からは煙たがられる役割を担っていた。現在、われわれが「お目付役」と聞いて、ネガティブな印象を持つのは、このためであろう。

　合戦時、目付の権限に参謀的な役割を加えたのが「軍監」だ。1585年、羽柴秀吉（のちの豊臣秀吉）は四国遠征時、まだ若かった宇喜多秀家の軍勢に軍監として黒田官兵衛を同行させた。彼の知略により、先鋒として四国に上陸した宇喜多軍は次々と諸城を陥落させた。なお、こののち宇喜多家は豊臣政権下で徳川家康や前田利家と並び、高職である五大老のひとりに選ばれた。

二章　家臣の作法

役方の職務

役方は忙しい主君の代わりに大活躍

一国を経営するのは戦国大名だけでは不可能である。そのため役方と呼ばれる家臣がさまざまな仕事を代行した。

役方は任命制
戦国大名が自国を出払っている際に謀反を企てられたらひとたまりもない。役方には信頼できる者を戦国大名自らが任命した。

目付
目付は、家臣に対しての監視を行い規律を正した。戦にも出向き、味方の軍律違反の監視も行った。

郡代
家臣の中でも特に政治能力が高い者に任せたのが郡代という役方。税の徴収や支配地の管理を任せた。

軍監
目付の権限に参謀的な役割を付加。戦時中は作戦や用兵などの計画にも参与する参謀役にもなった。

| 家臣の作法
その六 | # 信頼の置ける家臣は
大名の子どもの家庭教師になった |

| 該当する
人々 ▷ | 家老 | 一門衆 | 側近 | 役方 | **その他** |

| 該当する
時代 ▷ | 戦国
初期 | 戦国
中期 | 戦国
後期 | 安土
桃山 | 江戸
初期 |

武芸から君主としての心構えまで
若君にすべてを教える役職

跡継ぎとなる大名の子どもは、幼いころから当主としての英才教育を受ける。その際、養育係としてつけられたのが「傅役（守役）」だ。次世代の大名を育てるという大役だけに家臣の中でも信頼が置け、なおかつ実績と人格を併せ持つ者が任命された。

傅役の仕事は、若君の剣術指南や身の回りの世話が中心となる。また、若君の行動に責任を取る必要もあった。

武田信玄の嫡男・義信は父との確執から謀反を起こしたが失敗に終わる。その際、傅役だった飯富虎昌は義信とともに自害した。謀反を事前に防げなかったこと、さらには立派な跡継ぎを育てられなかったことへの責任を取ったのである。また、織田信長の傅役を務めた平手政秀は、奇行が目立ち「うつけ者」と呼ばれる信長を諫めるため、自ら命を絶ったといわれている。

政秀の死後、信長の奇行は治まり、のちに政秀の菩提寺を建立している。

若君に武芸全般や君主としての在り方を教えたのが傅役である一方、学問の師となったのが僧侶だった。当時の最高学府だった京都五山で学んだ僧侶は、跡継ぎの家庭教師として地方の大名に招致されることも多かった。彼らが教える学問の内容は、読み書きから仏教の経典、さらには四書五経や兵法書といった中国の古典、日本の古典、書道にまで及んだという。

一般的には学問の師だった僧侶が傅役まで務めた例もある。今川義元の傅役だった太原雪斎は、駿河の今川家家臣の家に生まれるが14歳で出家して僧となる。義元の養育を命じられ駿河に戻った彼は、内政・外交の両面で家督を継いだ義元を補佐し、今川家を盤石なものにした。なお、雪斎は桶狭間の戦いの5年前に死去しているが、仮に生きていたなら、今川家の滅亡は回避できたのではないかといわれている。

二章　家臣の作法

傅役方の職務

大名の子どもの面倒を見るのは家臣の仕事

戦国大名の若君の教育係として、傅役と呼ばれる者が家臣の中から選出され、身の回りの世話や武芸を熱心に教えた。

傅役は武術の先生
戦国大名の若君の教育は、国の行く末にかかわる重要な職務。傅役は剣術や乗馬、弓や相撲といった武芸を若君に叩き込んだ。

傅役は世話係もこなした
武芸を教えるだけでなく身の回りの世話も行った。若君が問題行動を起こした場合、傅役が罰せられ死罪になる者もいた。

学問の先生
読み書きなどの学問は禅寺の僧侶が携わった。若君がのちに大名になっても僧侶に師事して、教えを乞うこともあった。

戦国FILE

若き信玄の指南役

甲斐の虎として恐れられた武田信玄には、板垣信方という傅役がいた。信玄が父親である武田信虎を追放して家督を継承できたのは、信方が大きく関与したからだとされている。ちなみに、信方の末裔には民主政治の草分け的存在である板垣退助がいる。

侍女たちは大名家で花嫁修業をしていた

家臣の作法 その七

| 該当する人々 | 家老 | 一門衆 | **側近** | 役方 | その他 |

| 該当する時代 | 戦国初期 | 戦国中期 | 戦国後期 | 安土桃山 | 江戸初期 |

主君の妻の世話をするのは信任厚い家臣の娘

　大名の正室や側室、姫君たちの身の回りの世話をする女性を「侍女」という。仕事の内容は幅広く、料理や洗濯などの家事全般。多くの場合、家臣の娘が花嫁修業の一環として仕えていた。なお、正室に仕える侍女は着物の準備や御髪の手入れなど、身だしなみの手伝いも仕事に含まれていた。

　侍女として有名なのが、小西行長の母であり、豊臣秀吉の正室・おね（北政所）に仕えた小西ワクサだ。身の回りの世話をするだけでなく、おねの右腕として秀吉の側室のまとめ役を担っていたという。

　もうひとつ、女性ならではの仕事に乳母がある。大名の正室や側室に代わって、その子どもを育てる仕事だ。その名が示す通り乳を与えることも仕事に含まれていたため、子育て真っ最中の母親で、なおかつ忠義心の強い家臣の妻などが選ばれた。ちなみに、次期当主の育ての親になる乳母は、のちに強い権力を得るケースが多かったため、大勢の希望者がいたという。

　乳母の実子は乳母子といい、多くの場合、若君と歳の近い子どもだったため、よき遊び相手として兄弟のように育てられた。織田家家臣の池田恒興は母の養徳院が信長の乳母であり、ふたりは乳兄弟として育った。そのため恒興は家臣でありながら、一族と同様の待遇を受けていたといわれている。

　ところで乳母には「うば」と「めのと」というふたつの読み方がある。基本的には同じ意味だが、「めのと」には傅役の「傅」の字をあてる場合がある。つまり、主君に代わってその子どもを育てるのは同じでも「めのと」には傅役の意味も含まれている。それが転じて傅役（男性）を「乳母」と表現するケースもある。もしも文献などで「乳母」の字が出てきたとき、対象が男性なら「めのと」と読むのが正解である。

二章　家臣の作法

侍女の職務

家臣の母や娘も大名家を支えていた

領国を経営するには男手だけでなく女手も必要だった。家臣の母や妻・娘は侍女と呼ばれ、大名家に仕える者もいた。

侍女の仕事①　料理
大名家や城内で働く家臣のために、侍女が料理の腕をふるった。また、料理だけでなく掃除などの家事全般をこなした。

侍女の仕事②　洗濯
洗濯も侍女の仕事で、西洋におけるメイドのような役割を果たした。大名に気に入られれば、側室になるチャンスもあった。

侍女の仕事③　御髪の手入れ
正室や側室の髪を結うのも侍女の役目だった。着替えを手伝ったり、装飾品や着物の管理を行ったりもした。

乳母
若君の育ての親は乳母と呼ばれ、家臣の妻の中から選ばれた。粉ミルクなどない時代だけに、若君の成育に欠かせない存在だった。

大名家を支えた重臣｜教育係・補佐役・傭兵｜家臣の仕事｜家臣のステータスシンボル

茶人の中には家臣たちよりも発言力がある者もいた

家臣の作法
その八

該当する人々 ▷	家老	一門衆	側近	役方	その他

該当する時代 ▷	戦国初期	戦国中期	戦国後期	安土桃山	江戸初期

「茶の湯御政道」により茶の湯を政治利用した信長

　戦国時代後期、茶の湯は武士の間で一大ブームとなる。そのきっかけをつくったのが織田信長だった。

　15世紀、村田珠光によって創始された茶の湯は戦国時代に入って堺の町衆だった武野紹鷗によって発展した。父・信秀が文化人であったことから、若いころより茶の湯に親しんできた信長は「茶の湯御政道」によって、茶の湯を政治利用することを思いつく。

　信長はまず名物茶器を一手に収集した。結果、名物と呼ばれる茶器は市場から姿を消し、その価値は城ひとつ、国ひとつに匹敵するほどに高まったという。さらに信長は価値を高騰させた茶器を褒美として家臣に与えた。家臣たちは名物ほしさに勲功を争うようになり、名物茶器の所有が武士にとってのステータスとなった。そうした「茶の湯御政道」の中、信長に見いだされ

たのが堺の商人であり茶人でもあった千利休である。

　天下が信長から豊臣秀吉に移り、利休は茶頭に任じられる。茶の湯ブームはますます過熱し、利休によって完成されたわび茶は武士の間に広まっていった。このとき、多くの大名が利休の弟子になった。

　一介の茶人であった利休が諸大名に対して大きな影響力を持ったことで、政治的な発言力はどんどん強まっていった。当時、地方の大名が秀吉に取りなしを求める際など、「内々の儀は利休に」というのが暗黙の決め事になっていたとされる。これは豊臣政権下で利休が政治的な立場を有していたことにほかならない。

　ちなみに、織田信長に仕えるものの2度も反逆した戦国の大悪人・松永久秀は、指折りの茶人でもあった。風流で雅な茶の湯の世界とは無縁にも思えるが、数々の茶器を保有し、作法や所作を熟知していた教養人だったという。

二章　家臣の作法

領国の経営に影響力を持っていた茶人

武士たちの教養のひとつとして一大ブームとなった茶の湯。茶人の中には政治的影響力を持つ者まで現れた。

茶室の構造

武士たちの師匠となることで独自のポジションを築いた茶人。狭い茶室は大名同士の政治交渉の場になるなど、戦国時代に必要不可欠なものとなっていった。

茶の湯は必須教養

茶の湯は武術や馬術に匹敵する必須教養のひとつといわれるほど、劇的に地位が向上。それと同時に茶器の値段も高騰した。

千利休の裏の顔

千利休
（1522年〜1591年）

信長や秀吉に仕えたことで知られる茶人。出身は堺の商家で、茶人としてだけでなく武器商人としての顔も持っていた。利休が狭い茶室を利用したのは、茶の湯の文化を伝えるとともに、商取引や接待の場としても好都合だったからというわけである。

大名家を支えた重臣　教育係・補佐役・傭兵　家臣の仕事　家臣のステータスシンボル

武勇伝や怪談など、
語ることが仕事の家臣がいた

家臣の作法
その九

該当する 人々 ▷	家老	一門衆	側近	役方	その他

該当する 時代 ▷	戦国 初期	戦国 中期	戦国 後期	安土 桃山	江戸 初期

豊富な経験と知識で主君に 聞いてためになる話をした

戦国時代の大名にはさまざまな家臣たちが仕えたが、その中には「御伽衆」と呼ばれる者たちもいた。

御伽衆の仕事は、主君のそば近くにいて話し相手をすることだった。御伽衆は戦場にも主君と共に出向き、戦陣にいる主君のなぐさめとなった。戦場で眠らずに夜を過ごさなければいけないときなどには、御伽衆との会話がよい眠気覚ましになったに違いない。

御伽衆の噺は、「武辺噺」と呼ばれる戦や武術にまつわる経験談、または「諸国噺」、すなわち諸国で見聞きした珍談奇談などだった。つまり、ただの雑談ではなく、武士の心得が学べる、聞くとためになる話を御伽衆は語ったのである。

含蓄のある経験談を語らねばならないので、御伽衆になるためには、話し上手であることはもちろん、経験豊か

であること、特別な知識を持っていることが求められた。

御伽衆については、戦国武将の大内義隆や武田信玄などの文献で存在したという記録が残っている。実際、御伽衆として起用されたのは経験豊かな老臣、武勲をあげた功労者、知識豊かな僧侶、神官、医師などであった。

大内氏、武田氏がはじめた御伽衆という役職の設置はほかの武将にも広がった。その中でも、数多くの御伽衆を抱えていたのは豊臣秀吉だ。朝鮮出兵の際に、肥前国（現在の佐賀県唐津市）の名護屋城に向かった際には、約800人もの御伽衆を連れて行った。読み書きが苦手だった秀吉にとって、耳から聞く話でさまざまなことを学べる御伽衆は重要な存在だったのだろう。室町幕府15代将軍・足利義昭や、織田信長の次男である織田信雄といった、そうそうたる面々を御伽衆として迎え入れたことからも、秀吉が御伽衆を重要視していたことがうかがえる。

二章　家臣の作法

御伽衆の職務

戦国大名と話をするのが一番の仕事

戦うわけでもなく軍を統制するでもなく、ただ大名と話すだけの職務があった。それが御伽衆と呼ばれる存在である。

御伽衆
書物の講釈や自分の経験談、時には大名の雑談にも応じた御伽衆は、知識や経験の豊かな老齢の家臣が起用されることが多かった。

怪談
御伽衆が話す内容には怪談も含まれていた。当時は人間の幽霊話ではなく、妖怪や化け物の話が隆盛を極めていた。

巧みな話術
御伽衆は戦国大名が聞き入るような巧みな話術が必要とされた。複数の戦国大名のもとを渡り歩く腕利きの御伽衆もいた。

大名家を支えた重臣

教育係・補佐役・傭兵

家臣の仕事

家臣のステータスシンボル

69

家臣の作法 その十

金鉱で働く金山衆は城攻めのプロでもあった

該当する人々 ▷ 家老 / **一門衆** / 側近 / 役方 / その他

該当する時代 ▷ 戦国初期 / 戦国中期 / 戦国後期 / 安土桃山 / 江戸初期

城攻めにも利用された金山の坑道掘りの技術

　日本の金山といえば佐渡金山が有名だが、1601年に開かれた佐渡金山以前にも日本には金山が存在していた。岩手県には玉山金山などの金山があり、1124年に建立された中尊寺金色堂にはこれらの金山の金が使われたという説もある。

　戦国時代には金山、銀山の開発が進み、鉱山技術も発展した。砂金採りではなく金鉱脈の坑道掘りで金を採取するようになったが、坑道掘りは砂金採り以上の労働力と技術を必要とする。それを担ったのが、金山衆や金掘と呼ばれた人々である。

　金山衆とは金の採掘を行っていた山師であり、金山の経営を行った。一方の金掘は採掘技術を持った技術者。金山衆は金掘たちを従えて金の採掘を行ったのだ。

　有名な金山衆としては、武田氏の支配下にあった黒川金山衆、中山金山十人衆などがいる。

　金山衆は各地から採掘のために集まった人々だったが、時に大名の要請で戦場に出ることもあった。彼らの鉱山技術は合戦でも有用だったからだ。穴を掘る技術や地下水を抜く技術を使って敵の櫓や石垣を崩したり、城の水を枯らしたりしたという。

　北条綱成が城主の深沢城を武田信玄が攻めた際には、黒川金山の金山衆が動員されて鉱山技術を利用した城攻めを行われた。結果、金山衆の破壊工作により、綱成は援軍を待たずに開城している。信玄以外では、豊臣秀吉も鉱山技術を合戦で使っている。1583年の伊勢亀山城攻めでは数百人の金掘たちに石垣や城門を倒壊させて、半月で城を落としている。

　合戦で使われた金山の技術は、土木技術の発達を促した側面もあった。川の氾濫を防いだ信玄堤も金山開発の技術から生まれたといわれている。

二章　家臣の作法

金山衆

戦にも参加した穴掘りの達人

金の採掘が隆盛を極めた戦国時代。金山衆と呼ばれる抗夫たちは戦にも出陣し、得意の採掘技術で城を攻めた。

土竜（もぐら）攻め
金山衆は土竜攻めといわれる手法で城内に侵入する穴を掘った。また、城下に爆弾を仕掛けて城を破壊することも行った。

金山衆
金山衆を使った城攻めは戦国大名である武田信玄の十八番だった。

金山衆は破壊工作のプロ
金山衆は石垣や門を壊したり、城内にある井戸を壊して水脈を絶たせたりした。目標を達成するまでに時間がかかるため、その間に反撃を受けることもあった。

――

大名家を支えた重臣／教育係・補佐役・傭兵／家臣の仕事／家臣のステータスシンボル

剣豪たちは破格の条件で仕官できた

家臣の作法 その十一

該当する人々 ▷	家老	一門衆	側近	役方	**その他**

該当する時代 ▷	戦国初期	戦国中期	戦国後期	安土桃山	江戸初期

厳しい鍛錬によって剣技を極めた者たちが大活躍

戦の絶えない戦国時代は、後世に名を残す剣豪たちが活躍した時代でもあった。中でも戦国時代を代表する剣豪とされるのが塚原卜伝と上泉信綱だ。

鹿島新當流の開祖として知られる塚原卜伝は、諸国を巡っての修行中、当時の将軍・足利義輝や細川藤孝、北畠具教などに稽古をつけたといわれている。その後、甲斐に入った卜伝は武田信玄に剣術を披露。大名並みの待遇を受けた。このとき武田家家臣の山本勘助や原虎胤などが弟子入りしている。

新陰流の開祖である上泉信綱は山内上杉家の家臣であり箕輪城主の長野業正の配下だった。業正死去後、武田信玄が箕輪城を陥落させた折、その勇猛な戦いぶり称賛。「ぜひ召し抱えたい」と再三にわたりラブコールを送るも、信綱はそれを固辞。弟子らとともに新陰流を全国に広めるべく諸国放浪の修

行に出た。なお、このときの弟子の中には、タイ捨流の創始者であり九州に多くの門徒を持った丸目長恵もいた。旅の途中、柳生宗厳（石舟斎）や宝蔵院胤栄など、名だたる剣豪を試合で撃破、弟子として迎え入れたという。

弟子として新陰流の門下に入った宗厳は柳生新陰流の開祖となり、のちに徳川家康の御前で剣技を披露。感服した家康から仕官を勧められるがこれを固辞し、代わりに自分の息子・宗矩を推挙したという。徳川家に仕え、二代将軍・秀忠の剣術師範役となった宗矩は3000石の知行（土地）を与えられて大身旗本となった。

ところで、将軍の剣術師範役となった宗矩を除けば、江戸期の剣豪たちの石高は一様に低い。もっとも高禄だったといわれる宮本武蔵ですら700石、前述の丸目長恵はわずか117石である。これは剣豪たちが極めた武芸の技は、「所詮、足軽技」とみなされ、政治的価値は低いとされていたためである。

二章　家臣の作法

兵法家

武術を教授して生計を立てていた剣豪たち

戦国時代、兵法家と呼ばれる剣豪たちが全国各地に存在。さまざまな国で剣術を教えていた。

剣術の披露
自らの剣術の腕だけを頼りに生計を立てていた兵法家。士官を希望する際には、戦国大名の前で剣術を披露した。

全国行脚
戦乱の世に関わることなく、剣術の腕前を磨くために全国を巡った。有名な兵法家ともなると、多くの弟子たちを従えて行脚したという。

剣術指導
士官した兵法家は剣術師範役として武士たちに稽古をつけた。戦国時代には竹刀は発明されておらず、稽古は木刀を使っていた。

戦国FILE

無敗の男！ 宮本武蔵伝説

剣豪として現代でも語り継がれる宮本武蔵。数十回の決闘はすべて無敗だったという伝説を持っているが、武蔵に関する多くの話は江戸時代以降の創作である。ただ、大坂夏の陣では客将として参加していることなど、裏づけのある資料も数多く残っている。無敗というのは定かではないが、剣豪だったことは間違いないようである。

影武者はやられ役ではなく戦場の掻き乱し役

家臣の作法 その十二

該当する人々 ▷ 家老 / 一門衆 / 側近 / 役方 / **その他**

該当する時代 ▷ 戦国初期 / 戦国中期 / 戦国後期 / 安土桃山 / 江戸初期

影武者の役割は主君の代わりに死ぬことにあらず

　戦国時代、多くの大名は影武者を用いた。影武者は「影法師」、「影名代」とも呼ばれ、本人に成り代わることで敵の目を欺いた。

　武田信玄の弟・信廉はその容姿が信玄と瓜ふたつだったことから影武者を務めていた。また、信廉は教養人でもあり、信玄が残したとされる和歌の作者だったともいわれている。

　影武者というと、合戦時の討ち死にや暗殺に備えるものとして、主君を守るための「やられ役」というイメージが強い。しかし実際は、合戦を優位に進めるための一計として用いられることが多かった。

　大坂夏の陣で豊臣方として戦った真田信繁（幸村）は六文銭の旗指物を掲げ影武者を何人も用意。「我こそは真田信繁（幸村）なり！」の掛け声とともに戦場を疾走した。武勇の誉れ高い真田が戦場の至るところに登場したことで敵兵は大混乱に陥ったという。

　賤ヶ岳の戦いにおける戦功で淡路島を拝領した加藤嘉明は水軍強化を図るため海上戦に長けた配下を影武者として起用。陸では自身が、海上では影武者が指揮をとることで、陸海ともに名を挙げた。

　少し変わった例では奥州の覇者・伊達政宗の影武者が挙げられる。騎馬隊を率いて戦場を駆けた影武者は、政宗の正室・愛姫だったといわれている。愛姫は馬の産地として有名な奥州・三春の出身。乗馬はお手の物だったようだ。また、文官としてのイメージが強い織田信長の家臣・丹羽長秀は影武者に安土城の設計を任せたという。その人物こそが豊臣政権下で、石田三成らとともに五奉行の任に就いていた長束正家だったとする説もある。

　影武者の役割は、姿形を似せて敵の標的になることではなく、武勇や知略を含め、君主になりきることなのだ。

二章　家臣の作法

影武者

主君に成り代わって敵を翻弄した影武者

家臣は知っていても、敵には知られていない主君の顔。戦況を優位にするため、武将たちは影武者を利用した。

影武者を多数配置
戦場で同じ家紋の旗指物と甲冑をつけた武将が馬に乗って疾走。敵方にどれが本物か見分けることを困難にさせた。

陸と海に影武者を配置
陸上と海上のどちらかが影武者というパターン。どちらの戦場に注力すればいいのかと、敵を混乱させる狙いがあった。

元の木阿弥

木阿弥（1523年〜1550年）

戦国大名の筒井順昭は死の間際、敵を欺くために自分とよく似ている木阿弥という盲目の僧侶を影武者に立てた。木阿弥は身代わりの間は贅沢な暮らしができたが、敵を欺く必要がなくなった際にお役御免となり、ただの僧侶に戻ってしまった。この話が「元の木阿弥」という故事成語の由来とされる。

大名家を支えた重臣　｜　教育係・補佐役・傭兵　｜　家臣の仕事　｜　家臣のステータスシンボル

家臣の作法 その十三 諸国を自由に歩く巫女は情報や春を売っていた

| 該当する人々 | 家老 | 一門衆 | 側近 | 役方 | **その他** |

| 該当する時代 | **戦国初期** | **戦国中期** | **戦国後期** | **安土桃山** | **江戸初期** |

忍者以外にも僧侶、商人、芸人などが活躍していた

　現代のような電話やメールなどの通信手段もなく、テレビやラジオのようなマスメディアもなかった時代には、情報収集や情報伝達は人々が実際に現地に足を運んで行うしかなかった。

　戦国大名のために情報を集め、情報を伝えたのは、前ページで紹介した忍者である。忍者の中でも「草」と呼ばれた者たちは、密かに敵地に潜入。任務として情報を集めるだけでなく、嘘の噂を流して敵地を攪乱した。また、場合によっては武器を手に取ってゲリラ戦を展開した。

　一方、忍者だけでなく足軽や山伏なども「草」として、諜報活動を担っていた。草は忍者の呼び名のひとつだが、忍者以外の人々も草としての仕事をしていたのである。ただし、さまざまな技術が必要とされる危険な任務においては、やはりその道のプロである忍者が活用されたとも考えられている。

　とはいえ、山岳で修行する山伏だけでなく、修行や布教のために各地を巡った僧侶、諸国を巡って歌を歌う連歌師や琵琶法師、旅商人など、各地を旅する職業の人々は戦国大名にとって貴重な情報源となった。高野山を本拠に諸国を巡った僧侶を高野聖と呼ぶが、高野聖も大名たちのために情報収集を行った。

　彼らは誰からも怪しまれずに各地を旅できるため、情報収集や情報伝達において大いに活躍したのである。

　ちなみに、戦国武将に武田信玄は歩き巫女と呼ばれる巫女を使って情報収集をしていたことで知られる。彼女たちも全国各地を歩き回れる身分であったため、情報を得るのにうってつけの存在だったのである。

　また、新規に家臣として召し抱えた者たちも貴重な情報源となった。彼らの持っていた地理や情勢などの情報が、今後の戦略に役立ったのだ。

二章　家臣の作法

諜報部隊

諜報活動を担うさまざまな職業

全国を行き来できる山伏や旅商人といった人々。彼らは諜報部隊としての側面を持ち、各国の武将に情報を流していた。

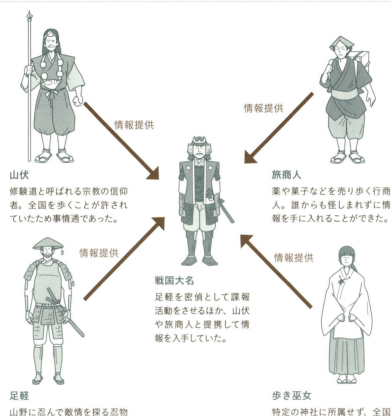

山伏
修験道と呼ばれる宗教の信仰者。全国を歩くことが許されていたため事情通であった。

旅商人
薬や菓子などを売り歩く行商人。誰からも怪しまれずに情報を手に入れることができた。

戦国大名
足軽を密偵として諜報活動をさせるほか、山伏や旅商人と提携して情報を入手していた。

足軽
山野に忍んで敵情を探る忍物見という担当があった。草、草かまり、芝見ともいった。

歩き巫女
特定の神社に所属せず、全国各地を祈祷することで生計を立てた。遊女を兼ねた者もいた。

戦国FILE

織田信長による高野聖の大虐殺

諸国の武将に情報提供を行っていた高野聖と呼ばれる僧侶たちは、独自の武力を備えており、紀伊の一大勢力であった。そんな中、織田信長を裏切った荒木村重の残党5名が高野山に逃げ込んだことで、高野聖と信長の関係が悪化。織田信長が数百人規模の高野聖を大虐殺した。

77

家臣の作法 その十四	海賊たちは水軍として 戦を手伝った

該当する 人々 ▷	家老	一門衆	側近	役方	その他

該当する 時代 ▷	戦国 初期	戦国 中期	戦国 後期	安土 桃山	江戸 初期

水軍の編成は家臣団で組織するか海賊の力を借りるかの二択

海に面した領地を持つ大名にとって、制海権を握ることは攻守において重要だった。そのため、多くの大名は水軍の編成に取り組んだという。

水軍を持つ手段はふたつ。家臣に組織させる方法と、海賊を自軍に引き入れる方法だ。前者として有名なのが、駿河に侵攻した武田軍が編成した武田水軍である。家臣団で組織されるため、忠誠度が高い半面、組織するのに莫大な費用がかかった。後者として有名なのが毛利家に属した村上水軍である。もともと瀬戸内海一帯を縄張りとする海賊だったが、陶家を滅亡に追い込んだ厳島の戦いで毛利軍に協力した。

各地の沿岸に独自勢力を築いてきた海賊は縄張りを通過する船から通行料を徴収することを生業とし、拒否する船は容赦なく襲った。自立性が高く、いわば傭兵のような立ち位置だったので忠誠度は低かった。しかしその一方で、潮流の変化を熟知し、操舵技術にも長けていたことから、多くの大名が彼らを配下として利用した。

では、海軍同士の戦いとはどのようなものだったのだろう。戦国初期の合戦は船脚の速い小型船を使ったゲリラ戦が中心だった。火矢で攻撃を行い敵船との距離が近づいたら乗り移って白兵戦を仕掛ける。相手の首をとるより、船から突き落とすことが優先された。

戦国中期に入り、造船技術が発達したことで中型船の関船や鉄砲攻撃を想定した全長50mにおよぶ安宅船が造られるようになる。戦術も白兵戦から砲撃を主体としたものに変化していく。

大名は水軍の力を利用し、水軍は通行料の徴収にお墨付きをもらう。そうしたwin-winの関係に終止符を打ったのが天下人となった豊臣秀吉だった。通行料の徴収は経済発展の妨げになるとの理由から海賊禁止令を公布。水軍は存続基盤を失っていった。

二章　家臣の作法

海上戦は水軍の独壇場だった

戦のすべてが陸上戦だったわけではない。海で一戦交える際は、水軍と呼ばれる部隊が活躍した。

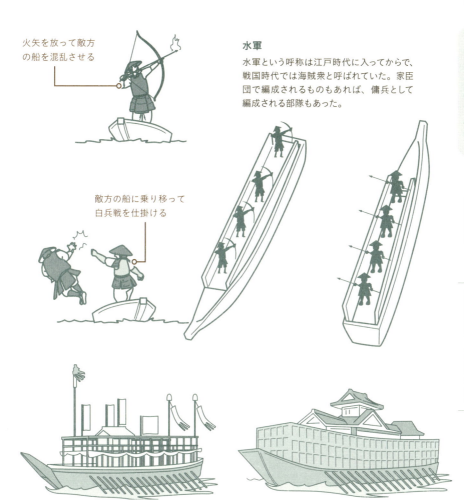

火矢を放って敵方の船を混乱させる

水軍
水軍という呼称は江戸時代に入ってからで、戦国時代では海賊衆と呼ばれていた。家臣団で編成されるものもあれば、傭兵として編成される部隊もあった。

敵方の船に乗り移って白兵戦を仕掛ける

関船
安宅船と呼ばれる大型船の護衛用として造られた船。全長は20〜25mほどであった。

安宅船
最大で全長50mあった大型船。防御力や耐久性に優れ、海上の要塞として機能した。

家臣の作法 その十五

暗殺や破壊活動を秘密裏に行うために忍者を雇った

該当する人々 ▷	家老	一門衆	側近	役方	その他

該当する時代 ▷	戦国初期	戦国中期	戦国後期	安土桃山	江戸初期

大名の依頼を受けて合戦の裏側で活躍した

戦国武将たちの戦いの裏側で密かに活躍していたのが忍者である。時代劇や漫画、アニメなどのフィクションの世界では激しい戦いを繰り広げることもある忍者だが、主な任務は情報収集、情報操作、戦場での敵の攪乱などであった。

忍者集団として有名なのは伊賀、甲賀だが、そのほかにもさまざまな忍者集団が存在した。武田信玄に仕えた透波、伊達政宗がつくったといわれる黒脛巾組、上杉謙信が用いた軒猿、北条氏の風魔などが代表的な流派である。

忍者は大名の命令で動いたが、傭兵のような独立した存在であった。もとは地方の豪族や領民、定住しない漂泊の民、盗賊だったと考えられている。

忍者の組織はおおむね上忍、中忍、下忍という三つの身分で分けられていた。上忍は組織の指導者であり、大名からの依頼を受けて、中忍たちに命令を出した。中忍は実際に忍びとしての仕事を行うチームの長であり、部下の下忍たちを従えて行動した。下忍は組織の末端の存在であり、敵地などに潜入して諜報活動、破壊工作、暗殺などを行った。われわれが忍者と聞いてイメージする存在に一番近いのが下忍かもしれない。一方、組織のトップの上忍はむしろ武士に近い存在であり、大名の家臣になった者もいる。たとえば、織田信長の家臣で、鉄砲の名手だった滝川一益には、もとは甲賀の忍者だったという説がある。

フィクションの世界では黒ずくめの姿で描かれる忍者だが、諜報活動を行う際は行商人、旅芸人などよそ者でも怪しまれない職業の人物に変装した。こうした変装術のほか、諜報活動に必要となる記憶術、情報を伝達するための暗号術、敵から隠れる隠形術、敵から逃げるための遁走術などをマスターしていた。

二章　家臣の作法

忍者

戦国大名を裏から支える傭兵部隊

情報収集などの諜報活動を得意とした忍者。特定の大名に仕える者たちもいれば、どこにも属さない者たちもいた。

大名の命令を受ける上忍
忍者の身分はピラミッド式になっており、上忍と呼ばれる位の高い者が大名の指令を受け、下の位である中忍や下忍に伝達した。

命令は中忍から下忍へ
中忍は下忍たちを従える実行部隊の長としての役割を担った。仲間内の情報伝達は、仲間同士にしか通じない隠語を使っていた。

潜入
足音を消す忍者独特の歩き方を訓練することで、敵にバレずにどこへでも潜入した。

遁走術
万が一、敵に見つかっても遁走術という術を使って逃げた。水や火など、遁走術は30通りにも及んだ。

暗殺
暗殺も請け負っていた忍者。その際、杖などの日用品にカモフラージュした仕込み武器を用いた。

> **Column**
>
> ### 変装術を駆使した忍者の昼の顔
>
> 忍者といえば真っ黒な忍装束をイメージしがちだが、昼間にその姿で出歩いたら逆に目立ってしまう。そのため昼間の忍者は、放下師と呼ばれる現代でいうところの手品師や商人、僧侶などに変装した。怪しまれないために、職業に合わせた身のこなしや知識を身につけていたという。
>
>

81

| 家臣の作法
その十六 | 強国並みに鉄砲を
保有していた僧兵がいた |

| 該当する
人々 ▷ | 家老 | 一門衆 | 側近 | 役方 | その他 | 該当する
時代 ▷ | 戦国
初期 | 戦国
中期 | 戦国
後期 | 安土
桃山 | 江戸
初期 |

鉄砲の実力で独立した存在として戦った集団

鉄砲を得意とした武装集団の雑賀衆と根来衆。彼らは共に紀伊国を拠点としたが、特定の大名の家臣となることはなく、合戦が起きると大名たちに雇われ、戦場では傭兵部隊として参戦。ともに鉄砲の腕をふるって活躍した。

彼らが独立を保てた理由のひとつとして、当時の紀伊国の守護大名だった畠山氏の力が弱かったことが挙げられる。その一方で力を持っていたのが、根来寺などの寺院であり、ここから強力な僧兵集団である根来衆が生まれた。

僧兵の根来衆に対して、雑賀衆は地侍がその中心勢力だった。和歌山平野の雑賀、十ヶ郷、中郷、社家郷、南郷といった村落が形成した連合体を雑賀五組と呼び、この地域の地侍などで雑賀衆は構成された。

なお、根来寺は真言宗だが、雑賀衆には浄土真宗の信者が多かった。宗派は違えども、根来衆と雑賀衆は盛んに交流を行った。根来寺の津田算長は種子島に渡って種子島銃を手に入れ、これをもとに根来の鍛冶師に鉄砲を製作させた。これが本州で最初の鉄砲といわれている。このように古くから鉄砲をつくっていた根来衆と交流したことで、雑賀衆も大量の鉄砲を手に入れることができたのだ。

雑賀衆は畠山氏などの大名の依頼を受けて合戦で活躍した。「組撃ち」と呼ばれる4人1組で1挺の鉄砲を扱う戦術は、火薬と弾丸を込める作業、火縄の管理、射撃を4人で分担して行うもので、通常なら熟練者でも次弾発射まで20〜30秒かかる時間を5秒に短縮することができたという。

こうした高度な技術を使い、雑賀衆は織田信長も苦しめた。1576年に大坂の浄土真宗本願寺を攻める信長と戦った雑賀衆は鉄砲の技を駆使して、信長自身の足に傷を負わせるほどの力を発揮したのだった。

二章　家臣の作法

根来衆と雑賀衆

鉄砲を巧みに使ったふたつの傭兵集団

鉄砲を数多く有する根来衆と雑賀衆は、傭兵集団として諸国の大名を支えたり、敵対しあったりして奮戦した。

根来衆
日本に持ち込まれた2挺の鉄砲のうち、1挺が根来衆に渡ったことで量産化に成功。鉄砲専門の傭兵集団と化した。

雑賀衆
根来衆と交流のあった雑賀衆も、鉄砲技術に長けた傭兵集団。常時5000〜8000挺の鉄砲を保有していた。

根来寺
根来衆の拠点となった根来寺は、真言宗の宗派のひとつである新義真言宗の総本山。豊臣秀吉によって焼き討ちにされた。

火縄銃
鉄砲は1543年、ポルトガルから種子島に伝来した。根来や雑賀が主要産地として栄え、多くの鍛冶職人が軒を連ねた。

雑賀鉢兜
雑賀衆は土豪、地侍などの武装集団。兜や甲冑などを装備していた。また、水運に携わっていたため武装した船も持っていた。

家臣の作法 その十七
エリート家臣に与えられた奉行というポジション

該当する人々 ▷ 家老 | 一門衆 | 側近 | **役方** | その他

該当する時代 ▷ 戦国初期 | 戦国中期 | 戦国後期 | 安土桃山 | 江戸初期

建築工事、土木工事や行政、司法などを担った

時代劇を見ているとよく登場する「お奉行様」だが、どういう存在だったのだろうか？「奉行」とは命令を奉じて（うけたまわって）、それを執行することを意味している。つまり、上の命令に従って物事を行うのが奉行という仕事であり、肩書として奉行、または奉行人と呼ばれた。

鎌倉幕府が各種の奉行を置いたのがはじまりだが、戦国大名も自分の配下としてさまざまな奉行を設けた。主な奉行としては、普請奉行、作事奉行、町奉行などがある。

普請は「安普請」などという言葉があるとおり、建築工事や土木工事を意味する言葉である。普請奉行は御所、城壁、堤防などの修築の仕事を担う。室町幕府においては庭中掃除の仕事も兼務して行っていたので、「庭奉行」と呼ばれることもあった。江戸時代に

なると土木建築の基礎工事のほか、武家屋敷の管理、上水管理などを行うようになっていた。

作事奉行も普請奉行と同じく工事が仕事。その中でも建築物に関する工事を担当し、城郭の建設や町の造成などを行った。石垣づくりなど基礎の造営を行った普請奉行と仕事は分けられていたが、江戸時代の1862年に普請奉行が廃止された際には、普請奉行の仕事を作事奉行が代行したのだった。

町奉行は時代劇でもよく聞く肩書だが、都市部の行政や司法、警察といった業務を担当した。したがって、時代劇の中では奉行所で罪人の取り調べが行われているのである。

豊臣秀吉の時代には、重要な政務を担当する五奉行が設置されて、浅野長政、石田三成、前田玄以、増田長盛、長束正家が任ぜられた。江戸幕府でも寺社奉行、江戸町奉行、勘定奉行の三奉行をはじめ、奉行は組織として制度化されていった。

二章　家臣の作法

奉行衆

領国の内政に欠かすことのできない役職

城を建築したり町の治安を守ったり、領国経営には内政がつきもの。戦国大名は奉行と呼ばれる責任者を配置した。

普請奉行
建築工事や土木工事を請け負うのが普請奉行。国防に関するため、戦国大名と信頼の厚い譜代の家臣から選出された。

作事奉行
作事奉行は城の建設や町の造成などを行った。城の石垣部分は普請奉行の仕事だが、作事奉行は櫓や天守などの上部構造を担当した。

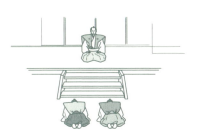

町奉行
城下町の管理は町奉行が行った。江戸時代から本格的に制度化されるが、一部の国ではこの職名が存在していた。

Column
奉行の多さは断然トップ!?

戦国時代は数多くの国が存在していたため、奉行の数はバラバラであった。その中でも、数多くの奉行を配置していたのが関東の北条氏である。旗奉行や槍奉行などの戦の道具をまとめる奉行だけでなく、検地奉行や米を管理する御蔵奉行といった民政関係の奉行など、多くの奉行人が存在していた。

85

家臣の作法 その十八

東には川、南には窪地、築城は場所選びが重要だった

該当する人々 ▷ 家老 | 一門衆 | 側近 | 役方 | その他
該当する時代 ▷ 戦国初期 | 戦国中期 | 戦国後期 | 安土桃山 | 江戸初期

目的で建築場所も変わり 設計で防御力が決まった

城は戦国大名の本拠地として、非常に重要な存在だった。城の建築の指揮は大名自身、もしくは家臣の武将がとったが、あれだけ巨大な建築物である城はどのように建てられたのだろうか。

まずは、建築する場所選び。城の目的によって場所は変わってくる。防衛拠点としての城であれば、敵が攻めにくい山頂を選び、政治や経済の拠点であれば平地を選んだ。この場所選びを「地選」と呼び、その土地の中でどこにどの程度の規模の城を築くかを具体的に決めることを「地取」と呼んだ。

また、城の立地には四神の思想が取り入れられ、東（青龍）には川、西（白虎）には大道、南（朱雀）には窪地、北（玄武）には丘陵地帯がある場所が最適な場所とされた。

建築場所が決まると、塀や建物などの配置場所を決めた。これによって城の防御力が決まるので、非常に重要な工程である。作業の現場において縄を張ってプランを立てていたことから、この設計作業を「縄張」という。

そして、いよいよ工事がはじまる。堀を掘ったり、石垣を積んだりする基礎工事が行われるが、これを「普請」と呼んだ。生活に必要な井戸も、この段階でつくられたとされる。

城といえば欠かせない石垣は普請でつくられる。その石垣づくりに長けていた近江国の石工集団が「穴太衆」である。彼らの優れた腕前は評判を呼び、全国で活躍した。織田信長の安土城、加藤清正の熊本城の石垣は穴太衆が手がけたと伝えられている。

城の基礎工事となる普請が終わるといよいよ、城の象徴とされる天守や、身分が高い者が住む御殿のほか、櫓などを立てる「作事」がはじまる。この作業には大工頭や左官といった専門職の人々が関わり、「横目」と呼ばれる目付の者が監査役を執り行った。

二章　家臣の作法

城と家臣

有力家臣に城を与えて、領国を統治！

広い領地を持つ大名は、家臣たちに城を褒美として与え、敵国からの防衛にもあたらせていた。

城で見る主従関係

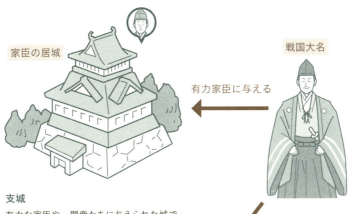

支城
有力な家臣や一門衆たちに与えられた城で、領地が大きい大名家などではこの支城を利用し、統治が隅々まで行き渡るようにした。

本城
主君である大名たちの居城となった城で、戦時には籠城のための拠点となり、平時には政治や経済などの中心拠点となった。

戦国FILE

北条家の支城による統治

関東に一大勢力を築いた北条家は、本城である小田原城を中心として、八王子城や江戸城など離れた支城の城主に一門衆を据えて領国経営を行った。

築城法

数多く建てられた城とその築城法とは

戦国時代は日本中で最も城が建てられた時代とされており、諸説あるがその数は3万~4万にも及ぶといわれている。

築城の流れ

①地選
築城する場所を選ぶ作業。一般的に東に川が流れ、西には大通り、南に窪地があり北に丘陵がある場所がよい場所とされた。

②地取
城の範囲やどれくらいの規模にするかを決める作業。ここで築城する場所がひとつに絞られる。

③縄張
堀や曲輪といった城の構造をどこに配置するかを決める作業。実際に縄を使ったことからこの名称になった。経始ともいう。

④普請
縄張が決定したあと、城の基礎工事として、石垣を積んだり堀を掘ったりする土木作業を指す。

二章　家臣の作法

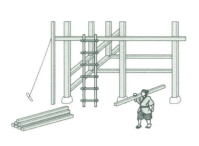

⑤作事
普請のあと、天守や櫓などを立てる作業。築城の大詰めの作業となる。

⑥完成
縄張の通りに普請や作事の作業が完了したあと、城主をはじめ家臣団の引っ越しなどを行いひとつの城が完成を迎える。

城と機能

山城
山間部の険しい場所に建てられ、自然を利用した防御性に特化した城。

平山城
丘陵や小高い山に建てられ、周辺には堀や土塁が築かれた。

平城
城下町に近い平地に建てられ、経済の中心地としての役割を果たした。

Column

秀吉の「墨俣一夜城」

秀吉の出世エピソードとして有名な「墨俣一夜城」。織田家の美濃攻略の際、戦略的重要拠点だった墨俣の地に、秀吉があらかじめ用意していた材木を川から流し、一夜で城を組み立てたという伝説だが、実際には江戸時代の創作という説がある。

家臣の作法 その十九	敵の進軍を考え、城までの 道のりはあえて悪路を用意した

該当する 人々 ▷	家老	一門衆	側近	役方	その他		該当する 時代 ▷	戦国 初期	戦国 中期	戦国 後期	安土 桃山	江戸 初期

敵の進軍を防ぐための
工夫を凝らした戦国の道

　現代の都市計画において、どこにどのような道路を通すかは非常に重要な問題である。こうした道路の重要性には戦国時代の人々も気づいていた。

　大勢の人たちが行き交いやすい道路をつくれば、交通が便利になり、交易が盛んに行われて、経済は繁栄する。その一方で、あまりに簡単に大軍が通れる道路にしてしまうと、敵軍から攻められた際に防御が難しくなってしまう。経済と軍事を考える上で、道路は非常に重要な存在なのである。

　防御のための道路の工夫として「食い違い」や「丁字路」「鉤の手」などが城下町の道につくられた。「食い違い」は道をずらして交差させたものであり、「丁字路」は漢字の「丁」のように枝分かれした道路。「鉤の手」は曲がり角である。こうした道をつくることで、敵の直線的な進撃を防いで城下町の防御力を高めたのだ。

　有事の際に領主などが城外に逃げるための城の裏側の門を搦手門と呼ぶが、幹線道路はそこには通さなかった。これも防御のための工夫である。

　防御のための工夫以外に、道を広く整備して交通の安全性を高める工夫も行ったほか、領内の要所に伝馬と呼ばれる物資輸送のための馬や駅（宿駅）を配置して、人や物が行き交いやすいようにした。

　多くの人が出入りするので、国境には監視のための関所、支城、砦を設置した。通行税である関銭も徴収して、不審者が侵入しないように人々の往来をチェックした。

　ここまでは主に防御のための工夫を紹介してきたが、逆に攻撃のための工夫を行った戦国大名もいる。武田信玄がつくった「棒道」は信州攻略のための軍用道路と伝えられている。その名のとおり棒のようにまっすぐと伸び、遠方の拠点にすぐに援軍を出せた。

二章　家臣の作法

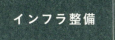

領国の興亡を左右する道路整備事業

領国の生活を向上させつつも、敵国からは攻められにくくする……。戦国大名たちは道路整備に頭を悩ませた。

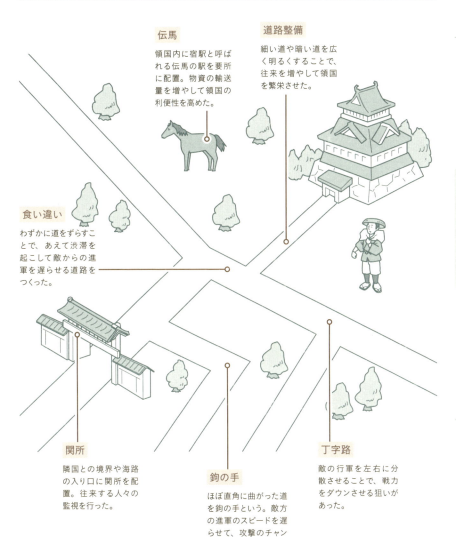

伝馬
領国内に宿駅と呼ばれる伝馬の駅を要所に配置。物資の輸送量を増やして領国の利便性を高めた。

道路整備
細い道や暗い道を広く明るくすることで、往来を増やして領国を繁栄させた。

食い違い
わずかに道をずらすことで、あえて渋滞を起こして敵からの進軍を遅らせる道路をつくった。

関所
隣国との境界や海路の入り口に関所を配置。往来する人々の監視を行った。

鉤の手
ほぼ直角に曲がった道を鉤の手という。敵方の進軍のスピードを遅らせて、攻撃のチャンスをつくった。

丁字路
敵の行軍を左右に分散させることで、戦力をダウンさせる狙いがあった。

最前線に立って鉄砲を構える武家の妻もいた

家臣の作法 その二十

該当する人々 ▷ 家老 | 一門衆 | **側近** | 役方 | その他

該当する時代 ▷ 戦国初期 | 戦国中期 | **戦国後期** | **安土桃山** | 江戸初期

身分の高い家臣は側室を持っていた

 上級家臣が結婚する際、婚姻の多くは戦略結婚だった。家と家を結びつけるため、女性は親が決めた相手のところに嫁いだ。嫁ぐ際には「敷銭」という持参金や「化粧田」という土地などを実家から持たされた。これは夫のものではなく、妻自身の財産だった。

 妻には本妻の「正室」のほか、本妻以外の妻として「側室」がいた。家を存続させることが重要だったため、一夫多妻制を取る者が多く、側室を抱えることが通例だった。

 戦で国を攻められた場合、城が発達していない戦国時代初期は、正室などの女性たちは城から離れた砦などに避難した。城が発達してからは武将たちと一緒に籠城することになる。

 籠城中、女性たちにはさまざまな仕事が与えられた。首実検（戦場で討ち取った敵の首を、本物かどうか確認すること）のために首にきれいに化粧をするのも女性たちの仕事だった。ほかに食事の用意や、城の修繕、鉄砲の弾の製造などを行うこともあった。戦場に出て戦う女性もいて、東北の伊達氏には敵将を討った女人鉄砲隊もいた。

 さらには女城主までも実在した。通常、夫が死んだ場合、ほかの家の側室になったり出家して仏門に入ったりするのだが、家督を継ぐ男性がいない際に城主となる女性もいたのだ。織田信長の叔母は遠山景任の妻になったが、景任は子をもうけられないまま病死。彼女は信長の五男の勝長を養子としたが、幼かったので自身が岩村城の女城主となった。

 今川氏親の妻の寿桂尼も国を取り仕切った女性である。氏親が病死した際、子の氏輝が幼かったため、彼女が今川家の政務を行った。公的文書の「朱印状」にも自らの「帰」という印文を押していた。このような働きから寿桂尼は女戦国大名とまで呼ばれた。

二章　家臣の作法

戦時の女性

男も顔負けの戦う女性たちもいた

戦国時代、女性は逃げてばかりではなかった。戦場に赴いて仕事を手伝うだけでなく、男と一緒に戦う者も存在した。

女城主
女性でありながら家督を相続し、城を与えられた武将は珍しくなかった。敵国から攻められて、討ち死にすることもあった。

仏門に入る
戦国武将が死ぬと、その妻は仏門に入ることが多かった。また、一度は仏門に入るも還俗して当主に就任する者もいた。

首化粧
戦の恩賞を決めるため、敵の首は首実検という確認作業を行った。その首を洗ったり化粧をしたりする仕事は女性の仕事であった。

女人鉄砲隊
女性だけで編成された鉄砲隊。槍を突いたり刀を振ったりするのは女性では難しいが、鉄砲であれば比較的扱いやすかった。

書式を間違えると書状を受け取ってもらえなかった

| 該当する人々 | 家老 | 一門衆 | 側近 | 役方 | その他 |
| 該当する時代 | 戦国初期 | 戦国中期 | 戦国後期 | 安土桃山 | 江戸初期 |

外交のための書状にも細かなルールがあった

戦国時代であっても国力を消耗する合戦は最後の手段であり、まずは外交によってほかの大名と交渉を行った。

外交担当者の「取次」は主君に代わって外交を行うが、ひとりですべての相手と交渉するのではなかった。A氏に対してはBが取次として交渉、C氏に対してはDが取次として交渉というように、相手に応じてそれぞれの担当者が決められていることが多かった。また、地域で自治を行う「国衆」との間の交渉も取次が行った。

武田氏、北条氏の取次は、一門・宿老と大名の側近という組み合わせで務めることが多かった。主君の意思をきちんと把握できる側近が実務の中心を担い、地位が安定している一門・宿老は大名家の重鎮として交渉に重みを与える役割を担ったのだ。

外交の交渉においては、作法、すなわち外交儀礼が重視された。たとえば、外交のために大名は使者を派遣して書状を送ったが、大名の書状だけでは正式な外交の書状とは認められなかった。取次が書いた「副状（添状）」という書状がセットになって、はじめて正式な書状となったのだ。大名だけでなく取次の書状が加わることで、大名家としての正式な意思表示であることが保証されると考えられていたようである。

書状の書き方においても「書札礼」と呼ばれる、守るべき礼法があった。書面の宛先、相手の呼び方などにさまざまなルールがあり、これを誤ると受け取りを拒否されることもあった。また、文体や紙の種類、紙の折り目なども定められており、現存する書簡は当時の上下関係や政治情勢がわかる絶好の史料となっている。

相手との仲介者も重要で、外交ルートは「手筋」といい、仲介者の名前をつけて「〇〇手筋」と呼ばれた。

二章　家臣の作法

取次

取次は主君の代わりに交渉する外交官

ひとたび合戦となれば大きな被害を受けてしまう。戦国大名は話し合いで解決するための交渉役を用意していた。

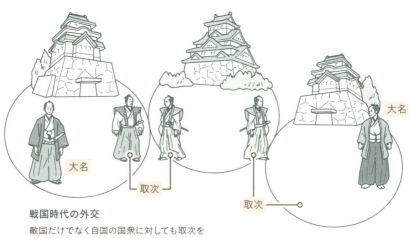

戦国時代の外交
敵国だけでなく自国の国衆に対しても取次を介して交渉を行った。また、取次は一門や家老といった戦国大名の側近が務めていた。

書状
書状は戦国大名が書いたものと取次が書いた副状でワンセット。ふたつが揃ってはじめて正式なものとされたことが多い。

> **Column**
>
> **公家にも武家と同じような取次を行う担当者がいた**
>
> 公家が武家と連絡をとる際は、武家伝奏という官職の者が行った。この武家伝奏は武家政権が誕生した鎌倉時代からはじまり江戸時代まで続いた。また、江戸時代になると公家への取次は「京都所司代」と呼ばれる京都にある行政機関が担当した。

大名家を支えた重臣　教育係・補佐役・傭兵　家臣の仕事　家臣のステータスシンボル

95

大工や商人など、武士ではない参謀役もいた

| 該当する人々 | 家老 | 一門衆 | 側近 | 役方 | その他 |

| 該当する時代 | 戦国初期 | 戦国中期 | 戦国後期 | 安土桃山 | 江戸初期 |

異なる分野の参謀たちをブレーンとして活用した

　戦国大名にはさまざまな仕事を行う家臣たちが仕えていたが、いろいろな局面で政策や戦略に関して大名に適切なアドバイスを与えたのが参謀という職種である。

　ひとりの参謀が多種多様の分野をカバーするというよりも、経済政策は商人が担当し、宗教政策は僧侶が担当するというように、その分野を得意とする専門家がそれぞれ参謀を務めることもあった。

　たとえば、徳川家康は本多正信という優れた参謀に支えられたが、本多正信以外にもさまざまな分野の識者を抱えていた。宗教政策と内政全般に関しては、僧侶の天海、崇伝、そして儒学者の林羅山。経済政策は、商人の茶屋四郎次郎、角倉了以、今井宗薫。土木政策に関しては、大工頭の中井正清。外交政策に関しては、イギリス人航海士のウィリアム・アダムス、オランダ人航海士のヤン・ヨーステン。このように多様な分野のスペシャリストが家康のブレーンとして活躍していたのだ。

　参謀の出した案に対して最終的な決断を下したのは家康だが、家康が参謀たちの言葉に耳を傾けた理由として、豊臣秀吉の存在があったと考えられている。

　秀吉のもとには名軍師として名高い竹中半兵衛と黒田官兵衛がいた。ふたりの名参謀の助言によって秀吉は勢力を伸ばしていったが、天下統一後の秀吉のまわりは主君の言葉に従うだけの側近ばかりになり、時には諫言してくれるような参謀がいなくなってしまった。秀吉の晩年に朝鮮出兵のような失政があるのも、名参謀がいなくなったことが原因だともいえるだろう。こうした秀吉の失敗を知っているから、それを教訓とした家康は多種多様なタイプのブレーンを参謀として活用したのかもしれない。

二章　家臣の作法

戦国大名を支えるプロフェッショナル

戦国大名の中には武士の身分の者だけでなく、さまざまな職業の者を参謀として召し抱えることもあった。

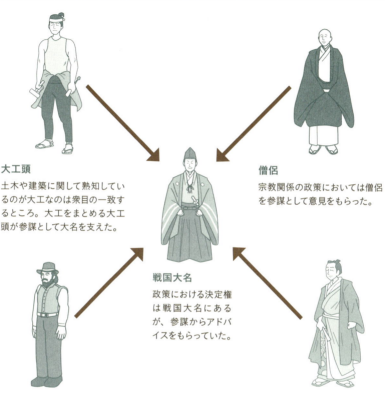

大工頭
土木や建築に関して熟知しているのが大工なのは衆目の一致するところ。大工をまとめる大工頭が参謀として大名を支えた。

僧侶
宗教関係の政策においては僧侶を参謀として意見をもらった。

戦国大名
政策における決定権は戦国大名にあるが、参謀からアドバイスをもらっていた。

外国人
外交政策に関する助言をもらうだけでなく、通訳としても同行させた。

商人
領国の経済政策は武士ではわからないことが多い。そのため商業のプロである商人から意見を聞いた。

秀吉から恐れられた戦略家・黒田官兵衛

黒田官兵衛（1546年～1604年）

織田信長の家臣であり、豊臣秀吉の参謀として数々の城を攻略した黒田官兵衛。頭の回転が早く、常識にとらわれない策を立てる官兵衛に対し、秀吉は自分の立場を脅かす存在として警戒していたという。

家臣の作法 その二十三

給料がどのくらいもらえるか 家紋を見ればわかった

該当する人々 ▷	家老	一門衆	側近	役方	その他	該当する時代 ▷	戦国初期	戦国中期	戦国後期	安土桃山	江戸初期

戦場においては敵味方の 目印として使われた

現代でも着物や羽織、墓石、小物などで見ることができる家紋。簡単にいえば家のロゴマークであり、各家において先祖から代々伝わってきた紋章が家紋である。

家紋がいつごろから使われていたかということに関しては諸説ある。武家の家紋は源頼朝のころには使われていたという説、逆に頼朝のころには家紋はまだ使われていなかったという説、1156年の保元の乱と1159年の平治の乱のころから使われていたという説などがある。

いずれにせよ、戦国時代には武家が家紋を使うようになっていた。戦場で敵味方の区別がつくように、旗や陣幕に描いて目印として使用したのだ。

源平の時代の旗には家紋は入らず、源氏は白旗、平氏は赤旗を使っていたが、平安末期から鎌倉時代にかけて武蔵の国で勢力を誇った武士団、児玉党が旗に紋章を入れた。こうした旗の紋章が家紋として使われるようになったのだ。また、紋は旗だけではなく幕にも使われた。幕の紋を家紋として使った家の代表としては、新田氏や足利氏がいる。

このように旗や幕、衣服などに入れた文様が家紋へと発展したのだ。家紋は江戸時代には、武家の権威を表すものとなり、家紋はそれぞれの家の格式を示すシンボルとなっていた。時代劇『水戸黄門』のラストで助さん格さんが印籠を見せると悪人たちがひれ伏すのがお決まりだが、これは印籠に徳川家の家紋である三つ葉葵が入っているからである。家紋が徳川家の権威を象徴しているというわけである。

武士を相手に商売する商人は家紋を見て、その家の格式を見極めて対応したという。そのため、諸大名の家紋、石高、俸給などを記した「大名御紋盡」という書物も発売されていた。

二章　家臣の作法

戦場の目印

敵味方の区別のために家紋が使われた

混迷する戦場において敵と味方を区別するのは至難の業。武士たちは主君の家紋によって見極めていた。

指物
指物や旗指物という旗に、目印として家紋をつけていた。旗の長さは約3.6mと大きめであった。

陣幕
戦場における陣地を囲むための幕。軍幕ともいう。古くは平安時代のころより家紋がつけられたとされている。

主な戦国大名の家紋

織田信長

織田木瓜紋
子孫繁栄の思いが込められた鳥の巣がかたどられている。

徳川家康

三つ葉葵紋
加茂神社の神紋が原型だといわれている。

明智光秀

桔梗紋
秋の七草のひとつである桔梗を模様にした家紋。

今川義元

足利二つ引両紋
足利家の権威の象徴。今川は足利家の流れを汲んでいた。

後北条氏

北条鱗紋
鎌倉時代の北条氏を模した家紋。

武田信玄

四割菱
武田の「田」を模様にしたとされる。

上杉謙信

竹に二羽飛び雀紋
上杉家に代々伝わる家紋。上杉笹とも呼ばれる。

毛利氏

一文字三星紋
平安時代の皇族に贈られた品位「一品」にちなんでいる。

家臣の作法 その二十四

午後2時には帰宅！
超ホワイトな家臣の仕事事情

該当する 人々 ▷	家老	一門衆	側近	役方	その他

該当する 時代 ▷	戦国 初期	戦国 中期	戦国 後期	安土 桃山	江戸 初期

毎日早寝早起きの生活 一日二食で忙しい日々

戦国時代の家臣は、戦がない普通の一日をどのように過ごしていたのだろうか。戦国大名の北条早雲は『早雲寺殿廿一箇条』という家訓を記しているが、そこには家臣のあるべき一日の過ごし方が書かれている。

まず、早朝の午前4時に起床する。起きてからは屋敷の見回りを行う。次に行水、髪結い、神仏への礼拝、身支度を行う。家人にさまざまな用事を申し付けるのも、この時間帯に行った。

午前6時には出仕、つまり出勤する。出仕してからの仕事は身分や役職によって異なった。身分の低い者は馬の世話や備品管理などの雑用や警備などを行い、それ以外の者はたとえば右筆ならば書類の作成を行った。

朝食は出仕前に腹持ちのよいものを食べるか、弁当を持参。仕える主君によっては朝食を支給してくれることもあった。出仕しない日は午前8時ごろに朝食をとった。

現代のサラリーマンのように毎日出仕していたわけではなく、家臣は必要に応じて仕事に出かけていた。出仕しない日も暇だったわけではなく、身分の高い者の場合、領地の管理や雑務、招待客の接待などをやるべきことはいろいろとある。この接待など、身分の高い家臣は酒を飲む機会が多く、朝の談合の席から飲むこともあった。身分の低い家臣が出仕しない日は、生活の糧を得るための畑仕事を行った。

出仕した日は、午後2時には仕事が終了。現代の感覚からするとかなり早めの時間帯であるが、帰宅して夕食をとる。現代の朝昼夕の三食ではなく、朝夕の一日二食だった。

午後6時には屋敷の門を閉じて、屋敷内の見回りを行い、火の元を点検。午後8時には就寝した。早寝早起きの健康的な暮らしを家臣たちは送っていたのである。

二章　家臣の作法

家臣の一日

戦がなければヒマしていた!?

戦国大名に仕える身分である家臣の一日。忙しいイメージをしがちだが、意外と健康的な生活を送っていた。

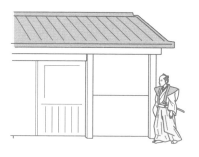

午前4時
日が昇る前の午前4時には起床。最初に行うのは屋敷の見回りで、異常がないか確認を怠ることはなかった。

午前5時
午前6時には出仕するため、朝食は身支度を終えた午前5時ごろ。一汁二菜の質素な食生活を送っていた。

午前8時
身分に応じて仕事は異なり、身分の低い者は馬の世話などの雑務をこなした。出仕しない日はこの時間に朝食をとった。

午後2時
午後2時には仕事を終えて帰宅。その後、食事の支度をして夕食をとった。当時の食事は朝夕の一日二食であった。

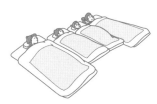

午後8時
午後6時には屋敷の門を閉じて、布団を敷くなどの就寝準備に入った。現代のように電気はないので、暗くなれば寝るのが当たり前だった。

| 家臣の作法
その二十五 | # 重臣は給料の代わりに
土地を授かった |

| 該当する
人々 ▷ | 家老 | 一門衆 | 側近 | 役方 | その他 | 該当する
時代 ▷ | 戦国
初期 | 戦国
中期 | 戦国
後期 | 安土
桃山 | 江戸
初期 |

土地、米の現物、金銭で家臣に給与が支払われた

　大名に仕えた家臣たちは、大名から俸禄、すなわち給料を与えられた。家臣の身分によって俸禄の額が違うのはもちろん、俸禄の支払いの形態はそれぞれ異なっていた。

　上級家臣の場合、「知行取り（石取り）」という形で俸禄を受け取る。「知行」はもともとは職務を執り行うという意味の言葉だったが、やがて主君が家臣に与える土地を指すようになった。つまり知行取りとは、主君から土地を与えられ、その土地を管理する代わりに土地の年貢を得られるという俸禄の形式なのである。ただし、年貢はすべて自分のものにできるわけではなく、大名に上納もしなければならなかった。

　中級家臣は俸禄を、「蔵米取り」でもらった。これは文字通り、米蔵から米を支給される形式。江戸時代の御家人はこの蔵米取りが多かった。

　下級家臣の俸禄は「禄米（扶持米）制」だった。これは蔵米取りと同じく米が支給される形態だった。さらに、その下のクラスの家臣には金銭で俸禄が支払われた。

　つまり、家臣たちには土地、米、金銭という三つの形で給与が支払われたのである。

　鎌倉〜室町時代は土地の収穫高を通貨に換算して、「貫」という単位で表していた（貫は銭貨の単位）。これを「貫高制」と呼ぶ。だが、貨幣を自給していなかった日本では貨幣の価値が不安定だったため、貨幣ではなく米の単位で示す「石高制」へと切り替わっていった。豊臣秀吉の太閤検地で石高制が全国へと広まっていったが、秀吉以前の戦国時代に近江や越前、周防などで石高制がはじまっていたことも現在では判明している。ともあれ石高制が確立されたことで、武士の俸禄も石高で表されるようになっていった。

二章　家臣の作法

家臣の給与

いつの時代でも人は目先の利益でなびく

主君に忠誠を誓うにはそれなりの見返りが必要。武士たちは土地や米、貨幣の三種類を給与として受け取っていた。

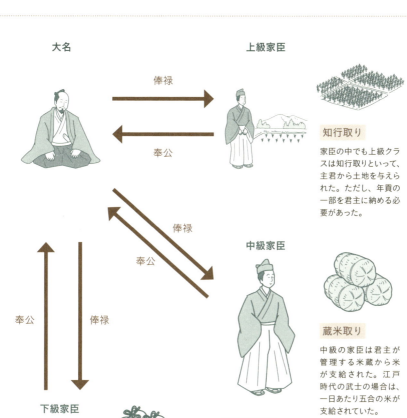

知行取り

家臣の中でも上級クラスは知行取りといって、主君から土地を与えられた。ただし、年貢の一部を君主に納める必要があった。

蔵米取り

中級の家臣は君主が管理する米蔵から米が支給された。江戸時代の武士の場合は、一日あたり五合の米が支給されていた。

金銭支給

金銭を支給されていたのが下級家臣で。下級家臣は農民も兼ねていたので農業収入もあったとされる。また、金銭ではなく米を支給されることもあった。

Column

大名から土地を授かる知行地取りは責任重大

戦国大名から土地を授かる知行地取りは納税の義務もあったが、受け取った知行地から兵を集める義務もあった。そのため日ごろから兵の訓練や、戦のための装備を整えておく必要があり、収入もあったが支出も多かったようだ。

家臣の作法 その二十六

大名からの感謝状は嬉しいボーナスだった

| 該当する人々 | 家老 | 一門衆 | 側近 | 役方 | その他 |

| 該当する時代 | 戦国初期 | 戦国中期 | 戦国後期 | 安土桃山 | 江戸初期 |

手柄を立てた家臣は土地や官位を授かった

ひとたび戦ともなれば、家臣たちは命をかけて戦った。その戦功に対して主君が与えた褒美を恩賞と呼ぶ。恩賞として与えられたのは、土地、刀剣、茶器、金銀、銭、感謝の書状の「感状」、官位などだった。

恩賞として土地を与えることを、「恩地」「恩領」という。恩地によって土地が与えられると、その土地からの年貢が家臣にとっての収入になった。ただし、勝手に売買、譲渡ができないなどの制限があり、主君の一方的な意思で没収されることもあった。また、恩賞として新たに土地を与えられることは「加増」と呼んだ。

刀剣や槍など武具の恩賞は武士にとって大変名誉なことであった。織田信長が奥平貞昌（おくだいらさだまさ）に与えた刀の長篠一文字（ながしのいちもんじ）は国宝にもなっている名刀だが、もともとは信長のものだった。

感状は戦などにおいて手柄を立てたり、敵から攻められた際に功績のあったものなどに対し、主君から贈られたものである。論功行賞は、家臣たちが主君に対してこれだけの手柄を立てたということを、首などの物証に基づいて申請をしたものであるが、感状の場合は主君の判断で贈られていた。

「ただの紙切れ」と侮ってはならない。今日でいう表彰状のような役割を果たしていたため、持っていることは自分がこれまでに行ってきた功績を示すひとつの指標となっていたのだ。そのため主家が滅んだり、改易をされてしまったときには再仕官のための強みとなり、褒賞の中のひとつとして効果を発揮したのである。

また、武田信玄と激闘を繰り広げた上杉謙信は、多くの死者が出た第四次川中島の戦いのあと、家臣たちに「血染めの感状」を贈った。血で書かれたものではなく、多くの血を流したことによる感謝を意味するものであった。

104

二章　家臣の作法

家臣の賞与

戦で成果を出せばボーナスがもらえた

主君のために戦に出陣し、命を張るのが武士の定め。結果に応じて恩賞という名のボーナスが支給された。

恩賞
敵方の軍勢に一番乗りで攻撃したり、敵将の首を取ったりすると主君から土地や金銭などの恩賞を授かった。

恩賞の一例

愛刀
大名が愛用していた刀を家臣に贈った。

茶器
値段が高騰していた茶器の中には、一国以上の価値があるものもあった。

感状
現在でいうところの表彰状。感状をもらうことは武士の名誉であった。

陣羽織
出陣時に甲冑の上から着る陣羽織。これを身につけるのは武士のステータスだった。

知行地
大きな働きをすれば、敵国から取り上げた領土の一部を授かった。

金銭
土地は限られているため、活躍した家臣たちに金銭をわたすこともあった。

大名家を支えた重臣　教育係・補佐役・傭兵　家臣の仕事　家臣のステータスシンボル

家臣の作法 その二十七

家臣たちは土地よりも 茶器を欲しがった

該当する人々	家老	一門衆	側近	役方	その他

該当する時代	戦国初期	戦国中期	戦国後期	安土桃山	江戸初期

茶器の価値を上昇させて 家臣の活躍の原動力にした

前ページで紹介したとおり、茶器は手柄を立てた家臣に大名が贈る恩賞のひとつとして用いられた。

戦国時代、茶道が流行し、武将たちは流行した茶道をたしなんだ。そんな茶道を巧みに利用したのが、織田信長である。

信長は茶人の今井宗久、津田宗及、千利休を茶頭（貴人に仕えた茶の師匠）として召し抱えたが、堺の町の商人でもあった彼らを通じて堺を支配することを狙っていた。

また、家臣の統制にも信長は茶を利用した。前述のように恩賞として茶器を与えた。茶道に夢中になっている家臣たちには茶器は恩賞としてノドから手が出るほど欲しいものだったのである。信長の家臣で鉄砲の名手と伝えられている滝川一益は、1582年に武田勝頼との戦いにおける活躍で、信長から恩賞として上野国などの土地を授かり、関東管領にも命ぜられた。だが、滝川一益は深く失望する。信長が所有していた珠光小茄子という茶入を熱望し、褒美としてもらえることを期待していたからだ。茶人の仲間に「茶の湯の冥加も尽き果てた（茶道において神仏に見放された、といった意味）」と愚痴を書いた手紙を送ったエピソードまで残しているほどだ。

国よりも茶の名器が欲しいと願う武将たちの心を信長は見事に利用したともいえるだろう。では、そこまで家臣たちが渇望した茶器の価値は誰が決めていたのだろうか？　じつはここにも信長が深く関与していた。

茶器を褒美として家臣に与える信長にとって、茶器の価値は高いものでなければならない。そんな信長の茶頭たちは茶道の大家だ。彼らが茶器にお墨付きを与えれば、茶器の価値は上がる。信長の思惑通り、茶器は権威の象徴として価値をすさまじく上昇させたのだ。

二章　家臣の作法

茶器と茶人

領国経営の一端を担った茶器ビジネス

戦で手柄を立てたが家臣に与える土地がない……。そこで信長が目をつけたのは茶器だった。

主な茶器の種類

茶入
粉末状の茶を入れるための容器。

茶壺
粉末になる前の碾茶を入れるための容器。

茶碗
点てた茶を入れる。さまざまな色やデザインのものがつくられた。

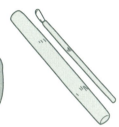

茶杓
茶入から茶をすくって茶碗に入れるための道具。

茶人の日常

普段は違う仕事
戦国時代には千利休や今井宗久など、多くの茶人が大成したが、茶の湯だけで生計を立てた者はいなかった。普段は商人であったり、倉庫業を営んだりしていた。

息抜きの茶会
大名との交渉、商家の経営などで忙しかった茶人たちは普段の仕事から解放されるひとつの方法として、茶の湯をたしなんだといってもよいだろう。

| 家臣の作法 その二十八 | # 下級家臣は床がなく 藁を敷いて寝ていた |

| 該当する 人々 ▷ | 家老 | 一門衆 | 側近 | 役方 | その他 |

| 該当する 時代 ▷ | 戦国 初期 | 戦国 中期 | 戦国 後期 | 安土 桃山 | 江戸 初期 |

豪華な大名屋敷と下級の 家臣が住む質素な長屋

武士の住まいである武家屋敷は、もともとは公家の屋敷である寝殿造を真似た、板の間が左右均等な屋敷が基本だった。だが、室町時代に入ると主殿造という様式へと変化していった。左右均等にこだわらず、台所や食堂、接客スペースなどの機能ごとに独立した建物をつくり、それらを塀で囲むという様式の屋敷だった。

主殿造の名前の由来となった主殿では公式の接見などが行われた。屋敷の床は板の間だったが、主殿などには来客に配慮して畳が敷かれた。

また、主殿造には北側と南側で建物の役割が異なるという特徴があった。北側は寝室や妻子が住む部屋などを配置。いわばプライベートスペースで「御裏方」と呼んだ。大名などの身分の高い人の妻を「北の方」と呼ぶが、これは屋敷の北側に妻が住んだことに由来している。私的な空間だった北に対して南側には接客のための主殿、接待のための本主殿、茶室などがあり、御裏方に対して「表向」と呼んだ。

こうした屋敷は身分の高い家臣が住むものだった。ちなみに、大名が住む大名屋敷も、主殿造、敵の襲撃に対する防御のため、城の中につくられた。

城の周囲には中級家臣、下級家臣の住む侍屋敷が配置された。当然ながら、中級家臣や下級家臣の住まいは立派なものではなかった。特に、足軽などの下級家臣が住む屋敷は非常に質素なものだった。いわゆる長屋に複数の家臣が共同で暮らしていたのだ。建物の床は板の間だったが、場合によっては床がなく、土を固めた土間に藁を敷くこともあった。屋敷は生け垣で囲まれ、その生け垣はウコギなどの食用になる植物でつくられた。

ちなみに、ウコギの栽培をはじめたのは上杉家に仕えた知将・直江兼続だといわれている。

二章　家臣の作法

家臣の屋敷

木造平屋建てが生活の中心だった

戦国時代、家臣はランクによって住む家が異なっていた。上級家臣ともなれば、大きな屋敷を建てていたようである。

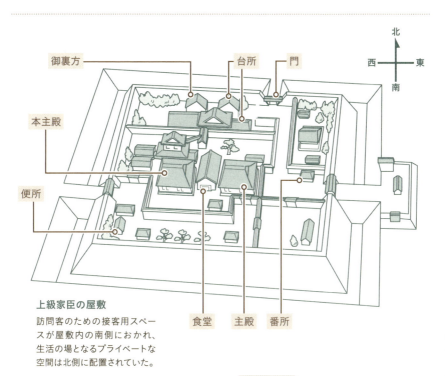

上級家臣の屋敷
訪問客のための接客用スペースが屋敷内の南側におかれ、生活の場となるプライベートな空間は北側に配置されていた。

下級家臣の屋敷
下級家臣は長屋に住んでいたとされる。屋根は茅葺きで、室内は畳ではなく藁を敷くことが多かった。当時、畳は高級品だったのだ。

戦国FILE

甲斐の虎・武田信玄は水洗トイレを使っていた

屋敷の生活というのは、寝たり食べたりするだけでなく、当然、用を足すこともある。上級家臣の家では樋箱と呼ばれるおまるのようなものがあり、そこで用を足していたのだが、戦国大名の武田信玄は水が流れる水洗式のトイレを使っていたという。使われていた水は風呂で使った水を再利用していたといわれている。

| 家臣の作法 その二十九 | 戦国時代のご馳走は 食後にお菓子とお茶が出た |

| 該当する 人々 ▷ | 家老 | 一門衆 | 側近 | 役方 | その他 |

| 該当する 時代 ▷ | 戦国 初期 | 戦国 中期 | 戦国 後期 | 安土 桃山 | 江戸 初期 |

日ごろは質素な料理を食べ 戦や宴では違った食事を

朝、昼、夕の一日三食の習慣が広がりはじめたのは江戸時代のことで、それ以前は朝と夕食の一日二食で人々は生活していた。現在食べられている白米はぜいたくなもので、大名など身分の高い一部の者だけが食べられた。それ以外の家臣が食べていたのは、赤米や黒米といった玄米、さらに下級の家臣は雑穀を食べていた。

おかずとしては、魚の干物、猪、鹿、雉などの肉料理。ただし、肉はごちそうとされており、たまにしか食べられなかった。さらに野菜の煮物、納豆、かまぼこ、豆腐など。野菜の塩漬けなどの漬物、梅干しといった香の物。そのほか、糠を使った糠味噌汁、塩味で野菜を具にした汁物といった料理で食事は構成された。ただし、こうしたおかずが食べられるのは上級の階級の武士であり、多くの家臣たちは主食のご飯だけを大量に食べたり、雑炊にして空腹を満たしていた。

これらは日常の食事であり、合戦中には違った食事が用意された。普段は食べられない白米の握り飯、高タンパクな味噌などが家臣たちにふるまわれ、さらには出陣前に士気を上げるために酒などを飲むこともあった。

客をもてなすための饗宴での「本膳料理」も、通常の食事とはまったく違った。本膳料理では順番に一人用の膳に載せて料理が運ばれてくる「式三献」という礼法にのっとって酒宴が行われた。料理がすべて出ると、口直しの茶と菓子が出された。これらの総称が本膳料理である。

本膳料理は室町時代にはじまり、江戸時代に発達して広がったが、現在ではほとんど廃れてしまった。だが、食前酒からはじまって、順に料理が出て、食後は菓子とお茶が出るという形式は西洋のフルコース料理に影響を与えたという説もある。

二章　家臣の作法

基本的な食事と本膳料理

出す相手によって変化する食事とは？

戦国時代では基本的な食事と、目上の人をもてなす料理で多くの部分が異なる。どんな食事をしていたのだろう。

基本的な食事

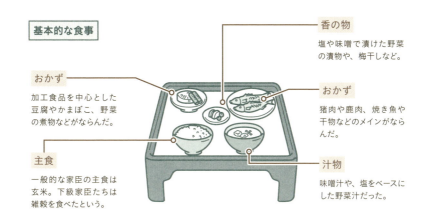

- **香の物**：塩や味噌で漬けた野菜の漬物や、梅干しなど。
- **おかず**：加工食品を中心とした豆腐やかまぼこ、野菜の煮物などがならんだ。
- **おかず**：猪肉や鹿肉、焼き魚や干物などのメインがならんだ。
- **主食**：一般的な家臣の主食は玄米。下級家臣たちは雑穀を食べたという。
- **汁物**：味噌汁や、塩をベースにした野菜汁だった。

相手をもてなす料理

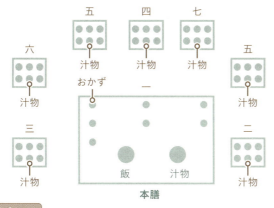

本膳料理

主に目上の人を家に招いたときに出される料理で、まず式三献でお酒をたのしんだあと、本膳から大規模なものだと七の膳まで料理が出された。

Column
石田三成(いしだみつなり)の最後の食事「ニラ雑炊」

関ケ原の戦いで家康が率いる東軍に敗北した石田三成。彼は処刑の直前に体調が悪い、ということでニラ雑炊を所望した。ニラはかねてよりスタミナ食として有名だが、元気になって家康に一矢を報いたいという三成の心意気が感じられるようなエピソードだ。

111

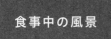

食事の間にも年功序列があった

血なまぐさい時代こそ食事くらい楽しみたいもの。とはいえ、何でも自由というわけにはいかなかった。

主人
戦国時代の大名家では、大名が家臣たちとともに食事を取ることもあった。その場合には主人となる大名が上座に座り、食事の際も中心となった。

※膳の形は正方形

並び順
主人以外の者たちの並び順としては、階級の高いものから順番に並んでいった。家族と食事を取る場合には、年功序列で年齢の高いものから主人の近くに座るのがマナー。

食事中のマナー

いろいろ面倒だった食事中のマナー

戦国時代は上下関係の厳しい時代。主人の前では食事中のマナーにも気を遣わなければならなかった。

主人よりも先に箸を取らない
食事を出されたら主人より先に食べるのは無作法な行為。主人が箸を取るのを確認してから自分も取るのがルールだった。

高級魚に真っ先に手をつけない
祝いの席などで食事に高級魚が出ることもあった。真っ先に手をつけて卑しい人間だと思われないように気を遣っていたようだ。

早食い厳禁
がっつくようにご飯を食べてしまうのは無作法な行為とされた。主人のスピードに合わせてご飯を食べるのが基本。

「もういらない」の合図
客人などがご飯に湯をかけたら、それは「もう結構です」という合図。それ以上ご飯を提供するのは失礼にあたった。

Column

「茶漬け」ではなく、なぜ「湯漬け」?

「湯漬けを持て!」という大河ドラマなどでよく聞くセリフ。なぜ茶ではなく湯かというと、当時のお茶は高級品で、現代のように簡単に用意できるものではなかった。太田牛一の『信長公記』にも「湯漬け」という記載が見られる。

家臣の作法 その三十
鷹狩りや蹴鞠など、家臣は大名の趣味につき合わされた

該当する人々	家老	一門衆	側近	役方	その他

該当する時代	戦国初期	戦国中期	戦国後期	安土桃山	江戸初期

アウトドアとインドアの娯楽にわかれる家臣たち

　武将の娯楽といえば、野外での鷹狩りや鳥撃ち、室内では茶の湯や連歌が代表的だ。武将の家臣たちはアウトドアを得意とする者と、室内の趣味に没頭するインドアな者がいた。

　アウトドアの鷹狩りは、飼育した鷹を野に放ち小動物を狙うもので、その手順や役割が決められていることから軍事演習にもなり、織田信長や徳川家康などはいたく愛した。また、すぐれた鷹を所有することは権威の証でもあった。当然のことながら、家臣たちは主君の鷹狩りがつつがなく進むよう段取りし、現場でサポートする。徳川家康の重臣である本多正信のように鷹匠から身を起こした人物もいる。家康と本多は「水魚の交わり」といわれるほど親密な間柄であり、ほとんど言葉を交わすことなく"あ・うん"の呼吸でお互いを理解し合っていたという。

もしかしたら、幾度も鷹狩りを重ねたゆえにそのような関係が築けたのかもしれない。鉄砲を使う鳥撃ちは、合戦の際の砲術の訓練にもなるうえ、仕留めた雉などの獲物を食することもでき、まさに一石二鳥であった。

　室内では、茶の湯が武士の教養とされた。血なまぐさい戦の喧騒とは無縁の静寂に身をおき、作法に則って茶を楽しむ。武野紹鴎から千利休により侘茶が武家社会に広がった。

　また、和歌や連歌も武士に愛された。連歌とは、和歌の五・七・五・七・七の上の句、五・七・五を前句、七・七を付句としてひとりが前句を詠み、別の者が付句をつけて交互に詠んだ。武将たちが連歌をたしなんだのは、辞世の句を詠むための鍛錬の意味があったという。また、連歌には功徳があると信じられ、出陣の前に連歌会を開き、戦勝祈願のために神社に奉納した。家臣にも武芸だけでなく、教養が求められたのである。

二章　家臣の作法

趣味①

鷹狩りの同行は出世のチャンス

多くの戦国大名が趣味としていた鷹狩り。側近の家臣もそれに同行して、機嫌を取ることに徹した。

大名家を支えた重臣　　教育係・補佐役・傭兵　　家臣の仕事　　家臣のステータスシンボル

鷹狩り
調教した鷹を野山に放ち、小動物や野鳥などを捕まえさせる鷹狩り。鷹を狩るのではなく、鷹に狩らせる娯楽で、多くの戦国大名が行っていた。

鷹匠
鷹を飼育したり訓練したりする専門家。野生の鷹を調教するには数年を要し、高い技術が求められた。

獲物
ウサギやキツネ、タヌキなどの小動物や、鶴や雉などの野鳥が獲物だった。

大名
家臣に命令を下して獲物を追い立てさせるなど、鷹狩りは戦の練習にもなった。さらに、領内で行うことで領地の視察にもなったほか、体を動かすので健康維持にも役立った。

家臣
主君の命令を受けて獲物を追い立てた。家臣は鷹を飛ばすことはないが、行動をともにすることで主君との意思疎通をはかる場となった。

115

スポーティーな趣味を持っていた武士たち

体を動かすことが趣味の武士、体を動かすことを見るのが趣味という武士などがいた。

蹴鞠（けまり）
平安時代に貴族の間で親しまれた鞠を蹴る競技。その後、武士にも広がった。

相撲
織田信長が奨励したことで知られる。全国から力士を集めて、勝ち残った者は家臣に召し抱えた。

鳥撃ち
鉄砲で野鳥を撃つ娯楽。鉄砲の訓練にもなり、撃ち落とした獲物を食べたりもした。

戦国FILE

刀を収集するのが趣味という者もいた

豊臣家五大老のひとりである上杉景勝（うえすぎかげかつ）は、刀集めが趣味であった。刀好きが高じて「上杉家御手選三十五腰（おてえらびさんじゅうごこし）」という目録をつくるほどで、景勝が集めた愛刀の数々は国宝や重要文化財になっている。

二章　家臣の作法

趣味③　武士による幅広いインドアな趣味の世界

戦場では大暴れしていても、平時はじっくりと室内で趣味に没頭する者も少なくなかった。

和歌
五・七・五・七・七のリズムで言葉を紡ぐ日本の伝統的な詩歌。

能
歌と音楽に乗せて行う演劇。観賞する者もいれば、自ら能を舞う者もいた。

茶の湯
湯を沸かして客に茶を振る舞う娯楽。戦国時代に武士の間で大流行した。

連歌
和歌の上の句と下の句を互いに、もしくは複数で詠みあって続けていく娯楽。

伊達政宗（だてまさむね）の趣味は料理だった!?　証跡

伊達政宗（1567年〜1636年）

伊達政宗は右目に眼帯をつけた「独眼竜」として知られる大名だが、その趣味は料理だった。「料理の心得がない者は、貧しい心の持ち主だ」という言葉を残しているほど、料理を愛し、ずんだ餅や凍り豆腐、仙台味噌などを考案したとされる。

家臣の作法
その三十一

上級家臣は女性もののような華やかな衣装をまとった

| 該当する人々 | 家老 | 一門衆 | 側近 | 役方 | その他 |

| 該当する時代 | 戦国初期 | 戦国中期 | 戦国後期 | 安土桃山 | 江戸初期 |

権威を誇る礼服と、華やかな色彩と装飾をあしらった私服

　武士たちの服装は大別して礼服と私服があり、礼服には格式の高い直垂と略礼服としての素襖があった。また、直垂には大紋という公式の服装がある。直垂の上衣に袴に２カ所の家紋を大きくあしらわれているものだ。家紋は上衣に５カ所、下衣に２カ所と決められていた。「忠臣蔵」において江戸城松の廊下で浅野長矩が着用していたのがこの大紋で、江戸時代になると袴は引きずるくらい長いものとなった。

　直垂は、鎌倉時代から室町時代にかけて徐々に変化したが、素材には高級な絹が用いられていて、前の部分で重ねて紐で留める形であった。一方、素襖は生地に麻を使い、染めによって模様を出した。直垂、素襖とも、着用する際には侍烏帽子を被るのが習わしであった。私服は小袖袴と呼ばれる、袖口の狭い着物に袴姿が一般的だった。

　小袖は元来、下着として用いられていたが、唐織や縫箔、辻が花など、当時の最高技術で仕上げられ、絢爛豪華な装飾がほどこされた。

　小袖は、現在の着物の原型となったもので、袖口の開き部分が小さく動きやすい軽装であった。外出時には、小袖袴の上に肩衣や胴服といった上着をまとい、これらにも華やかな意匠が取り入れられた。肩衣は、礼服の素襖の袖を取り去ることで、のちに裃へと変化していく。

　胴服は、おもに防寒具として着用され、上級家臣ともなればこれらにも華麗な模様をほどこした。家臣たちも普段は小袖袴を着て過ごしたが、公式の場に出る際には直垂を着用した。いずれも女性ものの衣装と見まがうばかりに華やかな色彩と模様をほこっていた。特に、徳川家康は派手な小袖を好んだようで、侍医の板坂卜斎は「日本衣装結構なことは家康にはじまる」と書き残している。

二章　家臣の作法

家臣の服装

武士は普段着と礼服を使い分けていた

当然だが、武士はつねに甲冑姿というわけではない。儀式のときは礼服を着て、何もない日は私服で過ごしていた。

私服

肩衣
外出する際は、小袖の上に肩衣という上着を着た。肩衣には家紋が入っていた。

小袖袴
武士の普段着は袖口の開きが狭い小袖を羽織り、袴と組み合わせるのが定番だった。

礼服

直垂
儀式があるときなどに着る服装。平安時代や鎌倉時代には庶民が着る服であったが、公的にもふさわしく、上品なデザインへと変わっていった。

侍烏帽子
黒漆を塗った紙製の帽子。直垂は公用のときに着る服だったが、侍烏帽子は日常でも使われていた。

公家の礼服
公家は束帯という礼服を着て、頭には冠というものをかぶっていた。袴は2種類あり、大口袴の上に表袴を重ねて穿いた。

119

家臣の作法 その三十二

武士はバニラのような甘い香りを漂わせていた

該当する人々 ▷	家老	一門衆	側近	役方	その他

該当する時代 ▷	戦国初期	戦国中期	戦国後期	安土桃山	江戸初期

戦国武士に愛されたのは甘酸っぱい匂い？

　池波正太郎の『鬼平犯科帳』の一篇「暗剣白梅香」は、長谷川平蔵を狙う金子半四郎という刺客が甘酸っぱい花の香りを漂わせているという話だ。半四郎は人を斬るたびに自分の体臭に血の匂いがこびりつくように感じ、池之端仲町で髪油「白梅香」を買い、身体に塗り込んでいた。

　武士たちも、ことのほか香りにはこだわった。つねに死と隣り合わせの日々、少しでも心を落ち着かせるために香を焚いた。また、合戦出陣に際しては、髪の毛や甲冑にも香を焚いて残り香にしたという。もし敵方に首を取られ、相手が髪を掴んで首を持ったときに悪臭が漂うのは武士として名折れであるという美意識ゆえのものである。また、自分が放つ匂いで相手を不快にしたくないという気配りもあった。逆に敵方も敬意を払い、首実検を

済ませたあとに、首を地元本国へ送り返すこともあり、香を焚き込めて送ったともいわれている。

　それほどまでに武士にとって香りは重要なものであったが、では、実際にどのような香りを用いていたのだろうか。主に使われていたのは「丁子」で、現在、私たちも肉料理やカレーによく使うグローブのことである。フトモモ科の常緑樹で、淡紅色になった蕾を乾燥させると芳香を放つ。甘酸っぱさの中にバニラの甘さを漂わせる匂いで、ふと匂い立つ丁子の香りによろめく女人もいたのではないだろうか。

　だが、戦国時代を生きる武士にとって香りはあくまで自らの身だしなみであり、いつ死んでもその死にざまが美しく、あっぱれであろうと心がけていた証である。水を浴びて身を清め、爪を研いでトクサ（砥草・木賊）で仕上げ、香を焚く。香りは、清潔さと平常心を保つ武士のために必要なアイテムだったのである。

二章　家臣の作法

お香

武士は香りにもこだわっていた

何となく汗臭いイメージがある武士だが、じつは日ごろからお香を焚いており、いい香りを放っていた。

香炉
お香を焚く際は香炉という道具を使っていた。この中にお香を入れて火を放つと、室内にいい香りが充満した。

丁子
お香には主に丁子という樹木を用いた。焚くとバニラのような甘い香りを放った。

お香以外の身だしなみ

水浴び
武士は朝起きると水浴びをした。体の汚れを落とすだけでなく、身を清める意味もあった。

爪磨き
トクサという植物を加工した爪磨きの道具が使われていた。武士は日ごろからきれいに爪を整えた。

若い武士は前髪をつくって オシャレしていた

家臣の作法
その三十三

該当する人々 ▷	家老	一門衆	側近	役方	その他

該当する時代 ▷	戦国初期	戦国中期	戦国後期	安土桃山	江戸初期

兜の中で頭が 蒸れないための月代

前頭部から頭頂部にかけての頭髪を剃った部分を月代という。時代劇に登場する丁髷のハゲている部分である。ちなみに、丁髷という呼称は江戸時代になって生まれたもので、年老いて毛髪が減った武士が、少ない髪で小さな髷をつくったものを指す。月代は戦場で兜を被ったとき、頭が蒸れるのを防ぐために定着したといわれている。

頭頂部だけを剃り左右側頭部の髪を残したのは、兜がずれて擦り傷をつくらないためであった。当初は髪の毛一本ずつを毛抜きで抜いていたが、頭皮の炎症が多く、兜を被るたびに痛みが伴ったことから、剃刀で剃るのが一般的となった。鎌倉時代から見られる髪型であるが、当時は兜や烏帽子を被っていたので、頭部が露になった姿はあまり見受けれない。

武士たちの髪型だが、私たちになじみがあるのは銀杏髷と呼ばれるもので、側頭部と後頭部の髪を束ねた髷を頭頂部に向けて折り返し、先端部を銀杏の葉のように広げたことからこの名がついた。また、茶筅髷という髪型は髪を剃らずに束ね、根本部分から元結で巻き立てている。髪の先端部が茶道具の茶筅に似ていることからこの名がついたという。若い武士などが好む髪型であり、青年期の織田信長は萌黄の紐で高々と髪を巻き立てた茶筅髷を結っていた。

このほかにも、前髪を残して頭頂部だけを剃る中剃という髪型もあり、これも若い武士が好んで結った。

月代の語源は諸説あり、兜を被っていると頭頂部が月のように丸く白くなったことから「月白」と書いた。また、戦で気（いき）が逆さまにのぼせるので、その「気（いき）」を抜くために髪の毛を剃ったことから、「さかいき」といい、転訛して「さかやき」となったという説もある。

二章　家臣の作法

家臣の髪型

バラエティに富んだ武士のヘアスタイル

武士の最大の特徴といえば独特な髪型。兜をかぶると頭が蒸れたことから、髷姿が定着していった。

中剃
前髪の部分は残して、頭頂部のみを剃った髪型。若い武士に多かった。

月代

茶筅髷
頭上で束ねた髪型が抹茶に用いる茶筅の形に似たことが由来となった髪型。

月代
頭部の髪の毛を刀で剃った部分。

総髪（そうはつ）
月代をつくらない、現代でいうところのロングヘア。室町時代までは武士の定番だった。

天主教信者
キリスト教を広めた宣教師を真似た髪型。頭頂部を丸く剃っているのが特徴。

月代剃り
当初は一本ずつ毛抜きで抜いていた。剃刀で剃ったのは織田信長が最初といわれている。

大名家を支えた重臣

教育係・補佐役・傭兵

家臣の仕事

家臣のステータスシンボル

| 家臣の作法
その三十四 | 騎馬武者はポニーのような
小さな馬にまたがった |

| 該当する
人々 ▷ | 家老 | 一門衆 | 側近 | 役方 | その他 |

| 該当する
時代 ▷ | 戦国
初期 | 戦国
中期 | 戦国
後期 | 安土
桃山 | 江戸
初期 |

名馬を乗りこなしてこそ名将の証

　中世までの騎馬武者は馬上より矢を射るのが主な攻撃であり、現在全国各地で開かれる流鏑馬神事にその形跡を見ることができる。

　戦国時代になると槍や太刀を持ち敵陣に突入する戦術になっていくことから、馬は合戦場に欠かせない存在となった。馬に乗るのは指揮官や地位のある武将たちで、彼らは馬に乗ることが義務とされていた。乗馬するので歩兵などより重装備ができる利点もあった。馬も馬具で装備し、轡を口につなぐ面繋、乗馬のための鞍、馬の腹を守る障泥、威嚇のため鉄や革で馬の顔を覆う馬面など見た目にも強く、恐ろしい存在であることをアピールした。それらに費やされる財貨も相当なもので、知行200石以上の地位を持つ者でなければ騎馬武者になれなかった。また、馬は体高約160cmのサラブレッド

であるが、当時の馬は約130cm程度と小型で、現在でいうポニーに近いものだった。

　名馬の産地は甲斐、上野、武蔵、信濃国や東北と九州であったが、特に南部（岩手県）と奥羽（福島県）の馬は質が高く、奥州の大名・伊達輝宗は、織田信長に奥羽馬を献上して大いに喜ばれた。信長は茶器と駿馬の蒐集家として有名で、献上される馬以外にも、戦で破った敵の馬も手に入れるほどであった。武田家を滅ぼした際には、武田勝頼の愛馬を進上させたと『信長公記』に記されている。

　また、1581年には京都で「馬揃え」という騎馬の優劣を競い合う軍事行進を開き、天下布武を掲げる信長の力を内外に知らしめた。これは現代でいえば戦車を走らせる軍事パレードのようなものだろう。ちなみに、信長は100頭を超える名馬をひとりで所有していたとされる。ただ、すべての名馬に信長がまたがっていたかどうかは不明である。

二章　家臣の作法

家臣と馬

馬に乗ることができるのは上級武士だけ

戦場の花形である騎馬武者は、身分の高い武士に限られた。また、戦国時代の馬は現在よりも小さかった。

流鏑馬
馬上から弓を放つ流鏑馬は平安時代から存在していた。鎌倉時代に入ってから武士のたしなみとされ、位の高い武士は鍛錬を重ねた。

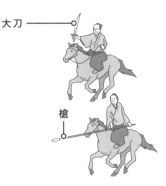

騎馬隊の武器
騎馬武者は弓だけでなく槍や刀、鉄砲など、ありとあらゆる武器を使いこなした。ちなみに、戦場でもっとも活躍したのは槍だったという。

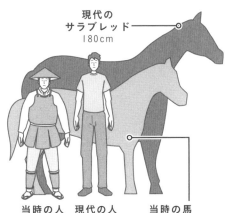

現代と戦国時代の馬
戦国時代の馬は現代でいうところのポニーくらいの大きさほど。人間の身長も低いので釣り合っていた。

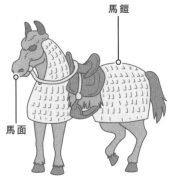

馬鎧（うまよろい）
馬は戦場では目立つため的にされることが多かった。そこで、馬鎧という防具をつけて防御力を高めた。

家臣の作法
その三十五

戦で死ぬと野ざらしに…
葬儀は行われなかった

該当する人々 ▷ 家老 / 一門衆 / 側近 / 役方 / その他　　該当する時代 ▷ 戦国初期 / 戦国中期 / 戦国後期 / 安土桃山 / 江戸初期

死と隣り合わせの戦国時代の葬儀

　戦国時代の葬儀・葬式は、地位によってさまざまであるが、病死の場合と合戦中の討ち死にの場合では異なる。

　病死した場合、武田信玄の死は3年間秘匿されたし、豊臣秀吉の死も伏せられた。ひとりの大名の死によって勢力図が変わることを恐れ、家臣たちは口外しないようにした。

　戦場での死は遺骸が見つからないことも多く、本人の遺留品などを代用して葬儀を執り行った。遺体が見つかったときは、そのまま土葬することも多かったが、また、身分の高い武将が戦死した場合、敵方に首を取られ首実検のあと、送り返されてきてから葬儀を行う。その後、首だけを火葬した。

　葬儀は仏式が一般的で、多くの僧侶によって供養された。身分の高くない家臣は、非常に簡素な葬儀が営まれ、合戦での討ち死にであればその費用は家臣が属する武将が受け持った。また、敗軍兵の場合はそのまま野晒しか、首塚が建てられるくらいが関の山。祟りを恐れた地域の住民によって供養塔が建てられることも多かった。

　黒田如水などキリシタンの葬儀ではカトリック式の葬式が執り行われ、墓は仏教寺院に建てられた。如水の時代、キリスト教は禁教ではなかったが、取り締まりが徐々に強化されようという時期でもあったため、こうした折衷策の工夫が施されたのである。

　ルイス・フロイスの記録によると、西日本の葬儀では、藩主が火葬される際、家臣などが自分の指を切り落として火葬の火に投じた、という風習を伝えている。主君への殉死は多かったが、指を投げ込むという記録は日本の史料には見当たらない。

　民俗学者の柳田國男によれば、棺の死者が首から下げる袋に、米や六文銭とともに親族の切った爪を入れる風習が宮崎県などにはあったという。

二章　家臣の作法

葬式事情

戦時と平時では死者の扱いが異なった

人はいつか必ず死ぬものだが、武士はどんな弔われ方をしたのだろうか？　戦時と平時で比較してみたい。

大名家を支えた重臣

教育係・補佐役・傭兵

家臣の仕事

家臣のステータスシンボル

平時

土葬
掘った穴に遺体を入れる土葬が一般的であった。火葬よりも費用がかからないという利点もあった。

火葬
火葬は仏教思想と関連しており、仏教徒が多い西日本を中心に、火葬をして弔うことが多かった。

戦場

野ざらし
合戦で命を落とした兵士はそのまま放置され、野ざらしになることが多かった。

首桶（くびおけ）
名のある武士が討たれると、首桶という桶に首を入れられた。戦勝国から敗戦国へと送り届けられ、丁重に扱われた。

首塚
地域の住民が手厚く弔うべく、首塚という墓を建てることもあった。

127

家臣の作法 その三十六

武家の子どもはお寺で兵法書を読まされていた

該当する人々 ▷	家老	一門衆	側近	役方	その他

該当する時代 ▷	戦国初期	戦国中期	戦国後期	安土桃山	江戸初期

禅寺で兵法を学んだ武家の子どもたち

中国の宋の時代、7つの兵法書『孫子』『呉子』『司馬法』『六韜』『三略』『尉繚子』『李衛公問対』があり、「武経七書」としてまとめられ、奈良時代に日本へ伝わってきた。とはいえ難解で、読み解けたのは臨済宗の僧侶たちだけだった。僧たちは仏教の教えだけでなく、『論語』『大学』『中庸』『孟子』の四書、『易経』『書経』『詩経』『礼記』『春秋』の五経とともに、「武経七書」など道徳と帝王学の学問に通じていた。

武家では、跡継ぎである子どもを手厚く育てたが、長男が早世したときに備えて次男、三男までが大事にされたのは先述の通り。彼らは英才教育を受けるため幼年期から寺に入れられたり、僧侶を家庭教師に迎えて中国の古典や日本の『古今和歌集』『万葉集』『源氏物語』を学んだ。下野国足利荘（現・栃木県足利市）には、鎌倉時代から室町時代に創立された足利学校という当時としては関東の最高学府があり、仏教色を排し、儒学・兵法・医学などを教えた。

多くの武家の子どもたちは寺に預けられた。織田信長や上杉謙信、武田信玄、今川義元、農民出身の豊臣秀吉も寺で学んだ。それがのちに大いに役立ったことはいうまでもない。もっともこうした座学は武人となる彼らにとって退屈極まりないものでもあり、武田信玄は合戦に必要な実践的なものを学びたいと師匠に懇願したという。

幼年期から読書家であった徳川家康は多くの兵法書を読破し、鎌倉時代に書かれた『吾妻鏡』を座右の書とし、帝王学を学んでいた。兵法書を読み、理解することは、実践の場となる合戦において応用力を発揮でき、臨機応変に戦術を立てていく能力を養うものである。もちろん、座学だけではすぐれた武将になれるものではない、あわせて武芸の鍛錬も必要であった。

二章　家臣の作法

子どもの教育（学問）

武士は幼いころから兵法書を読んでいた

武士の子どもは武芸だけでなく学問も叩き込まれ、難解な本を読むことができるほど教養が高かった。

禅寺
僧侶は当時の知識人であった。禅寺では武士の子どもを預かり、年齢に応じて学問を教えていた。

読み書き
基本的な勉強として読み書きは必ずさせた。また、書道における草書や行書と呼ばれる筆記体も教えた。

音読
中国の古典や日本の古典などを音読。また、それだけにとどまらず一般常識も教えていた。

絵画
読み書きがままならぬ子どもには絵を描かせて遊ばせたりもした。

大名家を支えた重臣

教育係・補佐役・傭兵

家臣の仕事

家臣のステータスシンボル

| 家臣の作法 その三十七 | 戦場の実践的な訓練として 相撲を教え込まれた |

| 該当する 人々 ▷ | 家老 | 一門衆 | 側近 | 役方 | その他 | 該当する 時代 ▷ | 戦国 初期 | 戦国 中期 | 戦国 後期 | 安土 桃山 | 江戸 初期 |

武家の子どもたちが 励んだ武芸

禅寺で兵法を学びながら、実践的な武芸も武家の子どもたちは習得した。戦国時代に書かれた甲斐武田家の軍学書である『甲陽軍鑑』には、「武芸四門とは弓鉄砲兵法馬」とあることから、兵法をはじめ、弓矢、鉄砲、乗馬が武芸の基礎であったと考えられる。

弓は、古くから歩射が基本であったが、騎馬の発達にしたがい騎射としての活用が増え、鉄砲など火器が登場するまでは弓射による戦法の時代が続いていた。そのため武家の子どもたちにとって弓は必須の武芸であり、幼年期から鍛錬に励んだ。また、騎射のために子どもたちは乗馬術にも取り組んだ。当時の馬は気性が荒い野生馬だったため、乗馬には技量が問われ、厳しい訓練が必要であった。時には手綱を使わずに馬を乗りこなすことが求められ、すぐに落馬する者は転がる桃に喩

えられて「桃尻」と笑われたという。

ヨーロッパから種子島に伝来した火縄銃は、技術力のすぐれた日本人の手によってたちまち国産化され、広く普及。鉄の産出国であった日本には、戦国時代末期になると50万丁を超す火縄銃があり、世界有数の鉄砲保有国であったと考えられている。武家の子どもたちが火縄銃の取り扱いを学んだ記録は見当たらないものの、操作技術を学ぶ機会はあったものと思われる。

剣術については、武将の家臣らが傅役となって指南した。相撲は戦場での組討（格闘）の基礎であり、きわめて実践的であることから奨励された。合戦における甲冑をつけた戦いでは、しばしば組討の戦いになったことから、重要な武芸であった。

いずれにせよ、戦国時代の武家の子どもたちにとって兵法と武芸は必須の学びであり、大人に成長して合戦に出陣するときに必要な知識、そして技術であった。

二章　家臣の作法

子どもの教育（武芸）

武術を学ぶのは武士の子どもなら当たり前

成長すれば戦に出ることは避けられない戦国時代の子どもたち。当然のことながら、彼らは武術を学ばされた。

弓術
火縄銃が登場する以前は、弓射が主力の武器であった。子どもたちは剣術や槍術はもちろんのこと、弓術も教わった。

相撲
戦では殴り合いの格闘になることも多々あった。そのため、幼少のころより相撲を教え込まれた。

乗馬術
位の高い武士にとって乗馬は必須。上級武士の子どもは乗馬術を学んだ。

落馬
落馬をすると桃が転がっているように見えることから同門に「桃尻」と揶揄された。

火縄銃
戦国時代、日本は世界有数の鉄砲保有国であった。子どもたちも銃の扱いを学んでいた可能性が高い。

家臣の作法 その三十八

主君の恋愛事情に家臣が口を出していた

該当する人々 ▷	家老	一門衆	側近	役方	その他

該当する時代 ▷	戦国初期	戦国中期	戦国後期	安土桃山	江戸初期

恋は盲目？ さまざまな恋愛のかたち

戦国時代は政略結婚が多く、恋愛の末に結婚することはまれであった。国盗り合戦の戦国時代、姫君を他国に嫁がせることで血縁関係を結び、いずれ領地を奪おうとする謀略がその背景にあった。また、織田信長の妹で美女の誉れ高いお市の方は、近江の大名である浅井長政の継室となり三人の娘をもうけるが、長政の裏切り行為を信長に密告したという話が残されている。つまり、他国への輿入れはスパイを送り込むことでもあった。

当時の婚姻は、優秀な子孫を残すことが最優先と考えられたことから、正室のほかに側室を持つことが許され、ひとりの女性だけを愛するという現代の価値観とは異なる通念があった。とはいえ、戦国時代にも恋愛は存在したことも確かで、九州の戦国大名・龍造寺氏の家臣鍋島直茂は、同じ家臣の石井忠常の娘に恋心を抱き、密会を重ねるうちに曲者とされて負傷してしまう。しかし、直茂の情熱が届いたのかめでたく結婚することに成功した。上杉謙信も若いころに思いを寄せた女性が複数いたというが、家柄や立場の違い、家臣の反対などに遭い諦めざるを得なかった。大名や身分のある者ほど恋愛が難しかったのである。

その反動ということでもないだろうが、男性同士の恋愛がさかんに行われた。当時、男色（衆道）はごく普通のことであり、織田信長が前田利家や森蘭丸と男色関係にあったのが有名だが、このほか、伊達政宗や豊臣秀次なども男色を好んだ。「英雄色を好む」の言葉通り、男女関係なく色事を重ねたのが戦国時代であった。

ちなみに、生涯で側室を持たなかった武将として知られているのが明智光秀である。光秀の正室・熙子は、信長が美しさのあまり抱きついたほど美人であったとされている。

二章　家臣の作法

家臣の恋愛

身分の高い武士ほど恋愛結婚はなかった

異性に対して恋焦がれるのは自然の摂理。武士たちの恋愛観はどのようなものだったのだろうか？

恋愛結婚
一夫多妻制の時代にありながら、ひとりの女性を心から好きになった武士もいた。

政略結婚
家の存続が命題だった武士にとって、恋愛と結婚は切り離されていた。結婚の儀になってはじめて相手の顔を見るということもあった。

周囲の反対
顔や性格に惚れ込んでいたとしても、家柄や立場が違えば、周囲から反対されて別れることもあった。

衆道
恋愛の対象は異性だけでなく同性にも向けられた。衆道と呼ばれる男性間の性交渉は武士同士で当たり前に行われていた。

大名家を支えた重臣　教育係・補佐役・傭兵　家臣の仕事　家臣のステータスシンボル

塩分過多な食生活が武士たちの寿命を早めた

家臣の作法 その三十九

該当する人々	家老	一門衆	側近	役方	その他

該当する時代	戦国初期	戦国中期	戦国後期	安土桃山	江戸初期

癌や脳梗塞・脳出血で死亡する武将が多かった

医学が発達していなかった戦国時代において、病気は今よりも恐ろしい存在だった。当時の優秀な医師は京の朝廷や幕府の周辺にしかいなかったため、地方に暮らす武将が大病にかかってしまった場合には、祈祷で邪気を払うことくらいしかできなかった。そのため、京の医師に学ばせて若手の医師を育てる武将もいた。

当時の言葉で内科疾患のことを「積聚」と呼んだが、これには癌も含まれていたと考えられている。現代でも人々を苦しめている癌で死亡した戦国武将も多かったのだ。癌で死亡したと考えられている武将としては、丹羽長秀、武田信玄、毛利元就、徳川家康がいる。織田信長と豊臣秀吉に仕えたことでも知られる丹羽長秀がかかったのは胃癌で、あまりの苦しさに長秀は自ら腹を切り、腫瘍を取り除いて死んだと

いう伝説も残されている。腫瘍は石亀そっくりの形で、長秀はそれを遺書と共に秀吉に送ったともいわれている。

脳梗塞や脳出血で死亡した戦国武将も多い。上杉謙信は脳出血、池田輝政は脳卒中が死因と考えられている。脳梗塞や脳出血の主な原因として高血圧があるが、武士は酒を飲む機会が多く、減塩などの意識もない当時の塩辛い食事を食べていたので、脳卒中になってしまったのもうなずける話だ。

癌と脳梗塞・脳出血以外の病気としては、天然痘、結核、梅毒などがある。死因ではないが、幼いころの伊達政宗や豊臣秀吉が天然痘にかかり、政宗はこれで右目を失ってしまった。はやり病としては梅毒に苦しんだ者も多く、家康の息子の結城秀康は梅毒で鼻を失ったともいわれている。加藤清正、黒田官兵衛、前田利長、浅野幸長らも梅毒を患った。中級以下の武士は文献がほぼ残っていないが、おおむね同じような病を患ったと考えられる。

二章　家臣の作法

家臣の病気

戦乱の世で病死は多かった

戦国時代の武士は戦で命を落とす者も多かったが、夢半ばで病魔におかされ死んでいく者も多かった。

医師は貴重な存在
戦国時代は医学が発達しておらず医師の数が少なかった。また、医学は西洋医学ではなく中国由来の医学を修めていた。そのため薬の処方は漢方薬が出されていた。

主な病気

脳卒中
脳に血液が流れなくなり、脳の神経細胞が壊死する病気。塩分の高い食生活によるものと考えられる。

癌
癌が戦国時代においても死因のトップクラスであった。

梅毒
感染後、死に至るまでに10年以上かかる病気。当時は治療法がなかった。

> **Column**
>
> **戦国時代の武士はなぜ塩分を好んだのか？**
>
> 武士たちが塩分を好んだ理由は何だったのだろうか。戦国時代は小氷河期とされ、地球の平均気温は現代よりも低かった。気温が低ければ体温を維持するのが難しくなる。そこで、体温維持のために摂取していたのが塩分だったのである。また、武士たちは日ごろから体を鍛えていたので汗をたくさんかいた。このことも塩分摂取を多くした要因であった。

家臣の作法 その四十

病は気から？
祈祷で治る場合もあった

| 該当する人々 | 家老 | 一門衆 | 側近 | 役方 | その他 |

| 該当する時代 | 戦国初期 | 戦国中期 | 戦国後期 | 安土桃山 | 江戸初期 |

祈祷、湯治、漢方の治療 南蛮医術などが行われた

　戦国時代、そしてそれ以前の時代から病気に対する対処方法のひとつ、加持祈祷。これは病気や災いを払うために行う祈祷のことであり、僧侶や山伏などのほか、神道の神官や陰陽師も病気や災いに対する祈祷を行った。

　病気に対する知識が未熟だった当時は、疫病が流行した際、その原因は失政などに対する天の怒りだと考え、大きな寺で僧侶を集めて読経したり、各地の神社でお祓いをするなど大掛かりな祈祷を行ったのは、そのためである。疫病以外の病気に対しては原因を怨霊のたたりと考えることもあった。当時は思い込みで症状が改善するプラシーボ効果という現象は知られていなかったが、「病は気から」という言葉もあるとおり、加持祈祷によって心身が安定した人もいたのかもしれない。

　加持祈祷以外では温泉に浸かる湯治も行われていた。合戦で刀傷を受けてしまった場合、武将たちは温泉に出向き、湯に浸かって傷を癒やしたのだ。大名が湯治を行った温泉としては、武田信玄の下部温泉、豊臣秀吉の有馬温泉、真田家の隠し湯といわれる別所温泉、島津義弘の吉田温泉などがある。

　金瘡医と呼ばれる、刀や槍、弓矢、鉄砲による負傷の専門医もいた。現代でいうところの外科医である。次第に武家出身の金瘡医も出てきて、室町幕府や戦国大名のお抱え医師となった。

　中国から伝わった漢方薬を使う「後世派」という医学の流派もあった。明に留学して医学を学んだ田代三喜が開祖である。田代のもとで学んだ曲直瀬道三は足利将軍家、豊臣秀吉、徳川家康らに重用された。

　ヨーロッパ流の南蛮外科の医療もあり、中国や日本の医術にはない傷口の縫合などが行われた。当時は麻酔薬がなかったので、施術中は痛みに耐えるしかなかったようである。

二章　家臣の作法

家臣の治療

病気の治療法は神頼みが多かった

医学が進んでいない戦国時代。病気の原因は天の怒りと考えられたため、祈祷することで治ると考えられていた。

祈祷（神道）
神道では言霊といって言葉に霊が宿ると考えられており、神職が祈祷の言葉を述べる儀式を行った。

祈祷（仏教）
法具をたたいて念仏を唱えながら、お札などを燃やすお焚き上げをした。宗派によって祈祷の仕方は異なった。

温泉
古くから傷治療に温泉が効果的であることはわかっていた。戦国時代でも多くの傷兵が温泉に入った記録が残されている。

> **Column**
>
> **ケガの治療については多少の知識があった!?**
>
> 合戦には金瘡医と呼ばれる衛生兵が同行しており、傷を負った兵士には気つけ薬が与えられて止血も同時に行われた。ただ、傷口に人糞をすり込んだり尿をかけたりと、間違った治療法を行う者も少なくなかった。
>
>

column ②

戦国時代、
公家は極貧生活を送っていた

アルバイトで食いつないでいた公家たち

　応仁・文明の乱の火の粉が地方に飛び火してはじまった戦国時代。公家たちはそれまで独自に荘園という領地を持ち、納められる年貢によって生活をしていた。しかし、地方の国人衆や戦国大名たちが力をつけたため、公家の持っている荘園は切り取られて次第に貧乏になった。京の都は応仁・文明の乱以降、町の多くで復興が進まず、天皇家に至っては皇居の外壁が崩れ、修繕する費用も賄えないという絶望的な状況だった。そこで公家たちは自らの教養を売ることにした。武士に比べて公家たちは、学問や文化に関する知識が深かったため、古典や和歌、書道などを教えるいわゆる塾講師のようなことをすることで食いつないだのだ。この方策によって、生活はそこそこ向上したという。

三章

世渡りの作法

戦国時代は、豊臣秀吉のように己の働き次第によっては低い身分であっても、権力者として城持ちの大名にのぼり詰めることができる時代であった。この章では、当時を生きた浪人や家臣たちにスポットをあて、仕官の方法や立身出世のための処世術を探る。

日本最古の足利学校は就職に強かった

世渡りの作法 その一

| 該当する人々 | 家老 | 一門衆 | 側近 | 役方 | **その他** |

| 該当する時代 | **戦国初期** | **戦国中期** | **戦国後期** | 安土桃山 | 江戸初期 |

新たに家臣を迎えるとき採用側が重視したこととは

　領国経営を支えるのは、何をおいても人材。それは内政、外交、軍事のあらゆる面にいえることだった。領国拡大に伴い、生え抜きの家臣団でポストが埋まらなくなれば、人材を外に求める必要が出てくる。

　未知の人材を家中に迎えるわけだから、採用にあたって応募者の履歴が問われるのは今も昔も変わらない。そこで採用側の大名たちは、いくつかの条件を掲げた。大名によって細目は異なるが、足利学校の卒業者はそれだけで高い評価を得ていたようだ。

　日本最古の学校として知られる足利学校。創設のいわれは、奈良時代の下野国の国学（律令制下における地方の教育機関）が移設された説、平安時代の公卿・小野篁創設説など諸説ある。確かなのは室町中期に関東管領の上杉憲実が再興したことで、以降の歴史はかなり明らかになっている。

　室町後期には学徒3000人を数え、日本を訪れたイエズス会の宣教師フランシスコ・ザビエルをして、「日本国中もっとも大にして、もっとも有名な坂東（関東地方）の大学」といわしめたほどの隆盛を誇った。足利学校では、教育の中心となった儒学のほか易学・兵学・医学などの実践的な学問を教えていた。そのことが、戦国武将の目には即戦力として映ったのだろう。

　戦国乱世の最中だけに、軍功の証となる感状（感謝状）は多かった。感状は、高位の者が下位の者の軍功を賞して贈った直筆の文書で、過去の実績を示すひとつのアピールになった。

　そのほか、一芸に秀でている者、勇猛な一族の出身者は優遇された。いずれにしろ一発で本採用のケースは少なく、保証人をつけたり、仮採用して試しに働かせるのが基本。これには裏切り防止に加え、家中を納得させるという意味合いもあった。

140

武士の経歴

今も昔も有能な人材は優遇される

「人は石垣」という名言のように、人材を大切にした武田信玄。しかし、実際は足利学校出身者を優遇したという。

採用で有利な点

戦国FILE

足利学校で重視された易学

軍師は大名に対して戦での策を献上する役割、というイメージが強いが、もともとは合戦の日取りや陣を構築するよい方角などを占うことが仕事だった。そのため足利学校では、中国から流入した易学という、物事の吉凶を占う学問を重視して教えていたという。

足利学校出身
足利学校出身という肩書は出世の近道だった。かの武田信玄も「足利学校を出ていない者は信用ならない」と発言したという。

特技がある
大名が求めるのは有能な人材。そのため仕官を求める者たちは、武芸を極めたり軍学や教養を習得するように心がけた。

感状の多さ
前の家で武功などを立ててもらった感状は、自分が即戦力であることを示すのに効果的な証拠のひとつだった。

元服の儀は幾人もの家臣が手伝う一大イベント

世渡りの作法 その二

該当する人々 ▷ 家老 | 一門衆 | 側近 | 役方 | その他

該当する時代 ▷ 戦国初期 | 戦国中期 | 戦国後期 | 安土桃山 | 江戸初期

武家に生まれた男子が必ず通る人生の大イベント

　元服は男子の成人の儀式。奈良時代からある通過儀礼で、ここでの服は冠のこと。古くは頭首といった。武家では元服が家督継承に関係するため、特に重要視された。室町時代には、幕府によって元服の作法について礼道が定められた。冠に代わって烏帽子をかぶるようになったのも、このころである。

　元服の儀にあたり、加冠の役、理髪の役、烏帽子の役、泔坏の役、打乱箱の役、鏡台幷鏡の役の6役が割り当てられた。このうちもっとも重要なのが加冠の役。烏帽子親ともいい、新成人に縁の深い人物が選ばれるのが通例だった。名称がそれぞれの役割をよく表しており、加冠の役は烏帽子を子にかぶせる者、理髪の役は結った髪の先を切って紙に包む者を指した。烏帽子の役は烏帽子を持つ役で理髪の役が兼任。泔坏の役は泔坏（整髪用の米のとぎ汁の器）を、打乱箱の役は打乱箱（切った髪を納める箱）を、鏡台幷鏡の役は鏡台を扱うのが仕事だった。

　一門衆や家臣の子息は元服の儀式をもって幼名が廃され、初めて名がつくことになる。これを諱（実名）という。しきたりが確立された室町時代は、加冠にあたり主君が自身の偏諱を与える例もあった（一字拝領）。偏諱は二字名のうち通字ではない方の字を選ぶ慣習。通字は一族代々用いられる漢字を指し、足利将軍家の場合は「義」「氏」がこれにあたる。偏諱の授与は当事者双方の直接的な主従関係を証すもので陪臣への授与はタブーとされた。それが戦国時代になると、主君に与えられた偏諱を自らの部下に与える例も少なからず現れ、箔づけ重視の世相を受け、当初の不文律は崩れていった。

　また家臣の子息においては、主君に加冠の役をしてもらう、名前を与えられるということは立身出世のために大きな意味を持ったのだ。

三章　世渡りの作法

元服のようす

現代の皇族も行う元服の儀式

男子の成人の儀式である元服。現代ではほとんど行われないが、皇室では「成年式・加冠の儀」として続いている。

戦国FILE

バラバラな成人の儀式

今日の日本の成人年齢は20歳と定められているが、当時は人によって違っていた。たとえば、早い者では伊達政宗が11歳で元服を迎え、逆に真田信繁（幸村）は19歳と、平均より遅く元服を果たしている。

祝いの品
元服の際に主役に贈られる祝いの品々。元服が終わると一門衆や家老衆が参加して式三献が行われ、祝いの酒宴が設けられた。

加冠の役
元服する者に一番縁が深い人物が執り行った。父親が行うこともあれば、大名に仕える家臣の子が元服する場合は、大名が直々にこの役を行うこともあったという。

加冠の役のほか、理髪の役や烏帽子の役など多くの人々に見守られながら、当時の武家の子息たちは元服を行った。

143

世渡りの作法 その三
リストラされても勝手に戦に出て復職を願った

| 該当する人々 | 家老 | 一門衆 | 側近 | 役方 | **その他** |

| 該当する時代 | 戦国初期 | 戦国中期 | 戦国後期 | **安土桃山** | 江戸初期 |

売り込み上手が乱世を生き延びるコツ

　自分の希望を託せる主君と、生涯を共にできるならこれ幸い。ところが、そう簡単にはいかないのが戦国時代だ。群雄のひとりに数えられる有力武将が一夜にして権力を失い、時にはあっさり命を落とす。そうなれば、主君を失った家臣は路頭に迷うことになる。一方で、関係悪化を機に主従が袂（たもと）を分かったり、何らかの失態を原因に家臣がリストラされることもごく普通にあった。よりよい条件を求めて、自分の価値を正しく見極めてくれる主君に仕えるため、あえて浪々の身（浪人）となった者も少なからずいる。

　仕官先には事欠かない乱世。とはいえ選択を誤れば早晩、同じことのくり返しとなる。まずは自分にふさわしい仕官先を探し出すことが肝心だった。そしてこれだと思う大名、武将を見つけたら武勲を上げて売り込みを図る。先述した通り足利学校を卒業した、あるいは有名な武将の陣営で働き、感状（かんじょう）を何通も持っているとなれば話は早い。が、セールスポイントがほとんどない場合は、やはり戦場での功がものをいう。そんなときに浪人は陣借りをして、強引に実績づくりをした。陣借りとは、正規軍ではない者が戦場に赴き戦に参加すること。非正規ゆえ軍功を挙げても報酬を得られないことも多かったが、武勲が武将の目に止まり、仕官を認められることもままあった。

　当然、情報の拡散や伝播（でんぱ）を簡単に行える時代ではなかった。そこで名のある者には大名側から書状を送ってスカウトしたり、浪人側が何らかのコネを頼って自らを売り込むケースもあったようだ。明智光秀の家臣で、本能寺の変でも一番槍を果たした安田国継（やすだくにつぐ）は、変の後に複数の大名家を転々としたが、最後は若いころから親交のあった寺沢広高（てらさわひろたか）を頼り、8000石の領地を与えられたという。

三章　世渡りの作法

牢人の再就職法

関ケ原の戦い以降は特に増えた牢人

関ケ原の戦い以降、敗れた西軍の将たちは改易によって領地を奪われ、多くの牢人が再起を図っていたという。

陣借り
特に正規軍というわけでもなく、戦の最中や戦後の褒美もないが、大名へアピールするための槍働きをすること。

著名な陣借り

前田利家の陣借り
利家が信長直属の部隊、赤母衣衆だったころ、芸能集団である同朋衆のひとりを信長の目の前で殺してしまった。処刑は免れたものの、追放され牢人となる。何とか帰参したい利家は、まず桶狭間の戦いへ陣借りし3つの首を取ったが許されず、美濃の斎藤家との戦いで敵軍の猛将を含む2つの首を取ってようやく許しが出た。そこから出世を果たし、誰もが知る加賀百万石の大名となる。

結びつき
戦国時代でもコネの力は強かった。自国や他国に知人がいる場合には、頼み込んで取り次いでもらうこともあったという。

登用
名が知れていたり、能力がある牢人に対しては、大名から直々にラブコールが届くこともあった。

家臣の就活　立身出世　戦国時代のマナー

家系図が履歴書代わりになった

先祖の軍功や借金の証文が就職時には履歴代わりになった

　戦国時代の家臣たちは仕える大名家の存亡によって牢人にならざるを得なかったこともあった。特に江戸時代に近づくと、大名が改易を受けたり領地を移転されたりし、それに伴い家臣の中でも解雇されてしまう者がいた。

　ただそのような世の中でも、なるべく牢人を出さないように努めた大名家も存在する。関ケ原の戦い後、上杉家は所領が4分の1、毛利家は3分の1に削減されたが、家臣たちは領地を削られることはあっても解雇されることはなかったという。しかし他家で牢人となってしまった家臣たちは、先述したように学歴や感状の数によって自らを売り込まなければならない。

　では、そうした履歴を残すことができなかった者は、仕官先に困って一生を浪々の身で終えねばならなかったのだろうか。事実、多くの牢人たちが再就職かなわず表舞台から消えていった。そんな中で、ひとつのアピールポイントとなったのが家系図である。

　どのような血筋に生まれたかなど、己自身の力量とは関係ないではないか。そういわれてしまうと一言もないが、大名や武将たちにとって、勢力基盤のさらに中核を為す血筋や血統は、個人の武功ほどではないにしても評価基準のひとつと捉えられていた。その意味で、一族の軍功の証ともいえる家系図は、仕官を求める者には履歴書と同等の意味合いがあったのだ。

　多くの勢力が、天下人となった秀吉や家康の軍門に降った戦国時代末期、牢人の数が増加の一途をたどると、それに反比例するように就職先は減っていった。そうしたいわば就職難な時代、仕官するためならばアピールに使えるものは何でも使おうという気概が当人の中にはあったのかもしれない。中には家系図どころか、先祖の証文を携えて仕官を求めた者もあった。

三章　世渡りの作法

牢人の就活道具

家系図、金銭、証文…就職のために何でも使う！

牢人が多く生まれた安土桃山時代では、多くの者たちがいろいろな方法で再起を図っていた。

再就職のときに利用できるもの

家系図
家系図は単に血筋や出自を表すだけでなく、自分の家がどういう実績を残してきたかを証明するための証となった。

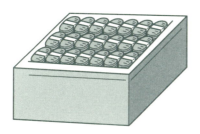

金銭
牢人たちの中には、奉公先を持つ知人に金銭を借り受けて、大名に仕官を許してもらおうとする者までいたという。

証文
何代も前の祖先が有力者と交わした手紙のような証文は、由緒ある血筋であるということの証明になった。

Column

死ぬよりツラい？ 奉公構（ほうこうかまい）

謀反（むほん）の疑いをかけられ出奔した者たちは、元の主君から奉公構をされることがあった。奉公構とは元の主君が他国の大名に仕官を断るように仕向けること。黒田長政（くろだながまさ）に仕えた後藤又兵衛（ごとうまたべえ）は、黒田家と険悪な仲にあった池田家と通じており、禁止されてもなお関係を切らなかったため、謀反の疑いをかけられ出奔。池田家へ向かうも奉公構をされた。

戦国末期は多くの武士がニートになった

世渡りの作法 その五

該当する人々 ▷ 家老 / 一門衆 / 側近 / 役方 / **その他**

該当する時代 ▷ 戦国初期 / 戦国中期 / 戦国後期 / 安土桃山 / 江戸初期

乱世には売り手市場だったのが治世には一転して就職難に

 古来、住む場所と職を失い、放浪する者を浪人といった。この場合、身分は関係ない。あくまで浪々の身にある者という意味で、律令制下における逃亡者を指すこともあった。多くの場合、浪人と牢人は同義だが、主従関係が明確になった戦国時代以降、牢人は、特に主家を持たない武士を指す言葉として用いられた。乱世が終焉を迎えた江戸時代になると、牢人の数が一気に激増。このころから、仕官先を探して諸国を浮浪する牢人たちも浪人というようになる。

 戦国時代は、いわば人材が積極的に求められた時代といえる。実績と才能のある者には完全な売り手市場。仮に大した武功のない、ごく普通の牢人であったとしても、仕官それ自体が目的なら、いずれどこかの陣営に潜り込むことができた。

 ところが戦乱の世も終盤になると、求人数の減少に加え、求められる人材も内政重視へと様変わり。必然的に、職に困った牢人（浪人）たちが世にあふれることになる。そうした牢人の中には、塾経営などで何とか口を糊する者もあれば、食い扶持に困って親類縁者に無心して回る者も出てきた。また、農民あがりの足軽のうちには、帰農を決断する者もあった。

 関ケ原の戦いは、多くの大名を改易に追いやった。そこで生じた大量の牢人たちは働く場所を失って、当人には不本意ながらフリーター、ニートのような立場に追いやられていく。最後の大きな戦となった大坂の陣に際して、10万の牢人が豊臣方に味方すべく大坂城に参集したというが、それも仕方のないことだ。ただ集まった者の多くはもともと有力大名に仕えていた重臣などを除いて、そのほとんどがお金欲しさに参戦した者ばかり。精強な徳川軍との実力は雲泥の差だったという。

牢人の食い扶持

恥を忍んで生き続けた浪人たち

牢人たちは自らの教養を売ったり、コネを活かして無心を行っていた。中には志半ばで帰農する者もいたという。

牢人たちの稼ぎ

塾経営
識字率が低いといわれた武士の中でも、教養があるものは自ら塾を開いて稼ぎを得ていた。長宗我部盛親がこのような境遇にあった。

無心
無心とは知人や親類の者にお金を借りること。真田昌幸は関ケ原で西軍についたが、嫡男の信之が東軍について所領を安堵されていたため、無心をしていたとされる。

傘張り
江戸時代の下級武士が行っていた傘張りだが、戦国時代でも傘張りを行って何とか食い扶持を稼いでいた者がいたようだ。

帰農
中々仕官がかなわず、志半ばで農民になる者もあったという。

酒を一滴残らず飲むのはマナー違反だった

世渡りの作法 その六

該当する人々 ▷ 家老　一門衆　側近　役方　その他

該当する時代 ▷ 戦国初期　戦国中期　戦国後期　安土桃山　江戸初期

関白から下賜された名槍を酒の上の賭けで失った福島正則

家臣たちが酒席を囲むとき、ひとつの盃を回し飲みするのが戦国の習い。その際、一滴残らず飲み干すのは、あさましい行為とされていた。といって中途半端に残すのも次の者に失礼。そこで盃に酒一滴分だけ残し、その残った一滴で飲み口を拭うのがマナーとされていた。先勝後の祝い酒、ハメを外したいところではあるが、最低限の気は遣わなければならなかったのだろう。

酒席といえば、現在でも歌われる福岡民謡の「黒田節」。じつはこの歌、戦国時代のある逸話が元になっている。

秀吉の軍師・黒田官兵衛の嫡男で、自身も勇将として名を馳せた長政は、家臣の母里太兵衛を呼び、親交のある福島正則の元へ使いに出す。豊臣政権下で多くの武功を上げた正則は、一方で大酒飲みとしても知られていた。問題は、太兵衛も名うての酒豪であったこと。何か間違いがあってはと、長政は事前に正則の盃は受けぬよう釘を刺すが、泥酔した正則はさんざん酒を進めた揚げ句、それでも固辞する太兵衛を捕まえて「これしきの酒も飲めぬのか」と挑発。さらに大盃を出してきて、「これを飲み干せば、なんでも褒美をとらす」とのたまう。そしてついに盃を受けた太兵衛が、見事に大盃を干して受け取ったのが名槍「日本号」。小田原攻めで活躍した褒美として、関白・豊臣秀吉から下賜された天下の名品だ。翌朝、あわてて返却を求めるが、太兵衛は取り合わなかったという。

戦国時代においては家臣たちの生活と酒は切っても切れなかった。無論多くの酒好きがいたが、真田信繁（幸村）の家臣、河原左京は信繁が高野山へ蟄居していた折、信繁の好きな焼酎を所望する書状をもらったが、口をしっかりと塞いでその上から紙で目張りしこぼれないように、とわざわざ注意するほどだったという。

三章　世渡りの作法

酒宴のマナー

命懸けで酒宴に臨んだ家臣たち

戦国時代の酒宴は現代のアルハラのようなもので、飲めないのは基本的にNGなうえ、多く飲んだ者は称賛された。

飲めませんはNG
戦国時代では下戸はあり得ない話だった。勧められて断るのは相手に対して失礼な行為とされた。

> **Column**
>
> **幻の酒「江川酒」**
>
> 古くは『吾妻鏡』にも記載された銘柄酒の一種である「江川酒」。伊豆で生産されており、関東地方に多く出回っていた。大名への贈答品としても重宝され、江戸時代にも出回ったが、治安の向上によって地方でも清酒が出はじめると歴史の中から姿を消した。

順番に飲む

十度飲み
宴席で行われた催しで、10人ほどが円を組み、ひとりずつ盃を受けて10杯分飲み干したら次の人に盃を渡していくというもの。飲んでいる間は話す、肴を口にする、口をぬぐうという行為は反則にあたり、違反してしまうと罰酒になった。

| 世渡りの作法 | | 朝廷にお金を払えば |
| その七 | | 官位を買うことができた |

該当する 人々 ▷	家老	一門衆	側近	役方	その他		該当する 時代 ▷	戦国 初期	戦国 中期	戦国 後期	安土 桃山	江戸 初期

有名無実化した官職を 勝手に名乗ったり金で買ったり

　戦国時代になると、律令制の下で成立した官職の名を、武将たちがこぞって名乗るといった現象が見られるようになった。とりわけ人気だったのが国司の職である。

　本来、朝廷が行政長官として派遣する国司は、担当地域の支配権を一手に握る職だった。ところが鎌倉幕府が各地に守護を配すると、次第に権力はそちらへと移行。やがて守護大名の力が強まるにつれ、国司の実権は失われて名誉職のようなものになってしまう。長官に相当する「守」、次官に相当する「介」を名乗ってはいても、実際の任地には赴くことがない名ばかりの職になっていったのだ。たとえば、筑前守と称しつつ任地の筑前には足を踏み入れたことがないどころか、筑前に関するなんの権利も持たない。そんな状況が当たり前になっていったのである。

　ところがそんな有名無実と化した官職にも、新たな利用価値が生じる。戦国大名の一部が、箔をつけるために国司の職名を僭称するようになったのだ。いったもの勝ちというわけである。そして室町幕府の支配力が衰えると、下剋上によって台頭した新勢力の中から、朝廷に献金を行い、幕府の頭越しに官位を得るケースが増えた。いくら戦国の世とはいっても、実力のみで頭角を現すにはいささか不足。そこはやはり名を必要としたのである。領国支配の正当性と優位性を示す意味でも、「〜守」「〜介」の官職名はものをいったのだ。

　武家政権の誕生以来、朝廷の権威は失墜し、それにつれて財政も逼迫するようになっていった。献金によって官位が与えられるとはいえ、大名に至っては僭称する者が多かったようだ。そのうえ大名家の家臣の間では、ひとつの役職を複数の家臣が名乗るという事態まで生じるようになった。

三章 世渡りの作法

叙任

朝廷は天皇の葬儀の費用も賄えなかった

大名たちの台頭により所有していた荘園が占領されたため、天皇や公家たちは徐々に困窮していった。

官位のしくみ

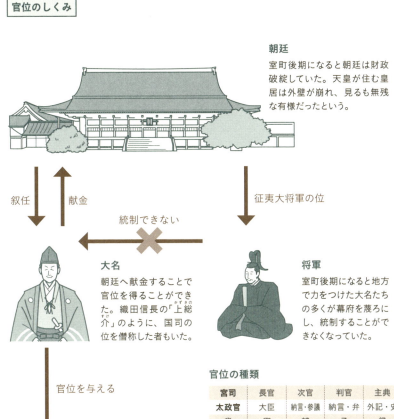

朝廷
室町後期になると朝廷は財政破綻していた。天皇が住む皇居は外壁が崩れ、見るも無残な有様だったという。

叙任 ← → 献金
征夷大将軍の位
統制できない ✕

大名
朝廷へ献金することで官位を得ることができた。織田信長の「上総介（かずきのすけ）」のように、国司の位を僭称した者もいた。

将軍
室町後期になると地方で力をつけた大名たちの多くが幕府を蔑ろにし、統制することができなくなっていた。

官位を与える

家臣
何か武勲や功績を残すことで、大名から直接的に「〜守」「〜介」などを名乗ることを許されることがあった。

官位の種類

宮司	長官	次官	判官	主典
太政官	大臣	納言・参議	納言・弁	外記・史
省	卿	輔	丞	録
職	大夫	亮	進	属
寮	頭	助	允	属
国司	守	介	掾	目
弾正台	尹	弼	忠	疏
兵衛・衛門府	督	佐	尉	志

戦国時代に存在した官位の種類。家臣たちは「丹波守（たんばのかみ）」や「筑前守（ちくぜんのかみ）」といった役職を大名から与えられていた。

家臣の就活 ／ 立身出世 ／ 戦国時代のマナー

世渡りの作法 その八

非力な官僚タイプの家臣は 武闘派の家臣を嫌った

該当する人々	家老	一門衆	側近	役方	その他

該当する時代	戦国初期	戦国中期	戦国後期	安土桃山	江戸初期

武人なくして戦に勝てず 官僚なくして国は治まらない

乱世の様相を一変させた鉄砲伝来。織田信長が率いる、この渡来の新兵器を採用した軍団が戦場でめざましい活躍を見せると、技術革新の波は瞬く間に全国に広がっていった。軍事に、内政に、いち早く技術革新を行った勢力が覇者となる。少しでも目端の利く者であれば、その事実に気づかざるを得ない。そこで、当時はまだ数に限りのあった技術者を積極的に登用する機運が高まっていった。結果、兵器など軍事上の発明にとどまらない、各種技術が加速度的に進歩、発展していった。

たとえば築城を含めた土木建築技術、鉱山開発、貨幣の鋳造などである。虎退治で有名な加藤清正だが、名城熊本城などを築いた築城の名人としても知られている。何もこれは清正自身が図面を引いたわけではない。戦国の世で必要な技術として築城技術に目をつ

け、そのための専門家集団を身内に抱え込んだところが偉いという話だ。清正に藤堂高虎、黒田官兵衛を加えて三大築城名人と称されることがあるが、ほかのふたりの場合も同様である。

こうして特殊技術を持った家臣たちは、有能な人材として戦国大名により登用されたが、群雄割拠の時代も終わると、経済に明るい者や、外交に特化した者など領国経営に特価した官僚タイプの家臣が台頭し、大名にも厚遇されるようになった。

そうなると、命がけで戦場を駆け抜けてきた武人たちは収まらない。そこで官僚対武人の内部対立が生じるケースがままあった。その究極といえるのが、豊臣秀吉の死後、関ケ原の戦いの伏線となった文治派と武断派の対立である。天下統一後を見据え、官僚の重要さを誰よりも知りながら、生粋の武人として乱世を生きぬいた徳川家康は、両者に生じた亀裂を見逃さず、豊臣政権を崩壊に導いたのである。

154

三章 世渡りの作法

戦国後期になると文治派が重要視された

秀吉の天下統一などにより治安が徐々に向上していくと、文治派と武断派にわかれてお家騒動が勃発しはじめた。

豊臣政権の派閥争い

文治派
主に内政に秀でた家臣たちの派閥。安土桃山時代になると戦も減り、これら文治派が台頭するようになった。

武断派
戦での槍働きや武功を上げることに秀でた家臣たちの派閥。内政重視の時代になると次第に遠ざけられるようになった。

のちに「関ケ原の戦い」にも影響

文治派		武断派
西軍		**東軍**
・石田三成（いしだ みつなり） ・増田長盛（ました ながもり） ・長束正家（なつか まさいえ） ・前田玄以（まえだ げんい） …	VS	・加藤清正（かとう きよまさ） ・福島正則（ふくしま まさのり） ・黒田長政（くろだ ながまさ） ・細川忠興（ほそかわ ただおき）

関ケ原の戦いは豊臣政権の中でも文治派が中心の西軍と、武断派が味方した東軍が争った一戦だった。これ以前の1599年には、加藤清正や細川忠興といった武断派の面々が石田三成を襲撃し、隠居に追い込む事件も起きている（七将襲撃事件）。

| 世渡りの作法 その九 |

主君だけでなく同僚からも名前の一字をもらった

該当する人々	家老	一門衆	側近	役方	その他

該当する時代	戦国初期	戦国中期	戦国後期	安土桃山	江戸初期

出世するための改姓なのか 改姓したから出世するのか

戦国武将たちが生まれて最初に名乗る名前は幼名。それが元服して成人になると、諱（実名）が与えられる。諱とは忌み名の意で、口に出して呼ぶことは避けるのが慣例だった。平素は通称（仮名）という仮の名前で呼び合っていた。たとえば真田信繁（幸村）でいえば左衛門佐とされる。諱は元服などに際し、偏諱を与えられて変わることもあった。

また戦国武将の名前は、主に氏・姓・名字・通称・諱で構成されるが、氏は源平藤橘の思想があり、源氏、平氏、藤原氏、橘氏の４つを表す。姓は朝廷から賜る八種類の姓（八色の姓）のことで、その人の身分を表している。名字は明智や真田のようなもので、そのあとに先述した通称と諱が続く。官職を得た武将がその職名で呼ばれることもあったという。

下剋上の世の中だけに一部の家臣たちは機会があれば自らが権力者にすり替わろうとしていた。大名たちはその対抗策として由緒ある源平藤橘の思想を名前に取り入れ権威の象徴とした。たとえば家康はもともと松平姓だったが、清和天皇を祖とする清和源氏に連なった徳川姓に変更した。

また家臣にとって名前を変更することは家中に敵をつくらないためのひとつの策でもある。信長の家臣だったころの秀吉は、その功績から家中で出世を果たし、ついには近江の長浜城を与えられるにまで至った。しかしその功績に対して面白くないのが丹羽長秀や柴田勝家といった織田家の重臣たちである。このほかにも秀吉の出世を妬む者が織田家中には多かったというが、長秀と勝家の苗字から一字ずつもらい、羽柴姓を名乗ることで秀吉は織田家の家臣団に向けて気を遣い、信長の死後、家中の実権を握ると天下統一を果たしたのだ。

三章　世渡りの作法

名前の変遷

人生の節目ごとに名前を変えた武士

当時の武士たちは元服時、官位を獲得したとき、出家したときなどに名前を変え、またそれぞれに意味があった。

幼少期
生まれたときにつけられた名前。「次郎」や「三郎」などがある。

元服時
諱を名乗るようになるが、この諱を気軽に呼ぶことは本人に対して大変な失礼とされた。

官位獲得
朝廷から官位を賜るとその役職が名前の一部として扱われた。たとえば「上総介」や「丹波守」などである。

出家時
出家をすると法名を名乗ることもあった。武田信玄の「信玄」や、上杉謙信の「謙信」がこの法名にあたる。

名前の種類

① 氏
血族を表すもの。源平藤橘(源氏、平氏、藤原氏、橘氏)など。

② 姓
「八色の姓」と呼ばれるもので、天武天皇が制定した「真人、朝臣、宿禰、忌寸、道師、臣、連、稲置」からなる身分を表すもの。

③ 名字
先祖代々受け継がれたものや、治めていた土地に関連していた。

④ 通称
元服後につけられた名前で、普段はこの通称で呼ばれる。たとえば真田信繁(幸村)の場合は、「源次郎」が通称。

⑤ 諱
元服後につけられた名前で、親から一字を与えられたり、家臣の子どもでも大名から一字を拝命することもあった。

Column

元服時の名前で次期当主がはっきりする

武田信玄の後継者といえば勝頼だが、本来血筋でいえば義信が正当な後継者だった。しかし勝頼は信玄の寵愛を受けており、両者の間でお家騒動が危惧された。そうして迎えた勝頼の元服のとき、信玄は自らの「信」の字を与えず義信が後継者であることを周知させた。しかし義信が謀反の疑いをかけられて廃嫡のうえに自刃(義信事件)させられ、勝頼が後継者となった。

主君に呼ばれたら「あっ」と返事をするのがルール

該当する人々 ▷ 家老 / 一門衆 / 側近 / 役方 / その他
該当する時代 ▷ 戦国初期 / 戦国中期 / 戦国後期 / 安土桃山 / 江戸初期

武田家の家臣になったら勧められた酒は断れない？

　当初、武士が礼儀作法の基準としていたのは、公家のそれであった。とはいえ武家社会と公家社会では違いが大きすぎる。そのため一般化には至らなかった。

　室町幕府は弓術、馬術、諸礼法について小笠原流という流派を武家社会の規範と位置づけるが、これも幕府権力の衰退とともに廃れてしまう。そうした経緯を経て、戦国大名たちはお仕着せの官製儀礼ではない、独自の礼法を打ち出すようになったのである。

　それが分国法だ。分国は一国を表す単位。各大名の所領を意味する。分国法には基本的な礼儀作法も定められていたが、その際、共通していたのが武士の体面を重んじるという点である。

　甲斐武田氏の『甲陽軍鑑』は軍学書だが、儀礼に関しても多くを割いている。たとえば先述したように酌を受けた以上は嫌いな相手であっても何杯でも飲まなければならず、いったん断った場合は、意地でも飲んでならない（p150）というのもこの軍学書に記載されている内容である。同じく『甲陽軍鑑』には、歩いているときに馬に乗った人を見かけたら、わざわざ挨拶のため相手に下馬させぬよう、物陰に隠れろというものがある。こうした決まりの上に、非常に結束が固かったという武田家臣団が存在したのだ。

　領内において、もっとも尊重されるべきはやはり主君の体面。主君に呼ばれたら、どこにいても「あっ」と返事をして駆けつけなければならない。北条早雲が定めたとされる後北条家の家訓『早雲寺殿 廿一箇条』にある家臣の心得のひとつだ。足利将軍家の家臣が残した『宗五大草紙』という書には、主君の前では足を組んだり袖まくりをしてはいけない。談笑も厳禁という記述もある。武家社会の礼儀作法は、どこか体育系のイメージがしなくもない。

三章　世渡りの作法

礼儀・作法

武士は慎み深く生きることが求められた

庶民が礼儀や作法を学んだのは江戸時代から。当時は相応の身分だけが持つ教養のひとつだった。

甲陽軍鑑より

座敷などで座っている人や、脇差を蹴ってしまった場合、手をついて三度謝らなければならない。謝られたほうは「これ以上は迷惑」と手を振って許す。

道で馬に乗った人に出会った場合、相手が挨拶のために馬を下りなくてもいいように、素早く物陰に隠れる。馬に乗った人は歩いている人に出会ったら馬を下りて挨拶し、歩いている人は馬を押さえなければならない。

早雲寺殿廿一箇条より

主君に呼ばれたときは、たとえ遠くにいても「あっ」と返事をして駆けつけなければならない（足軽の場合は「ねい」と返事をする）。

廊下で目上の人を見かけ、すれ違うときは、腰を低くして静かに通り抜けなければならない。

世渡りの作法 その十一

十字に切るのが美しい切腹方法とされた

| 該当する人々 | 家老 | 一門衆 | 側近 | 役方 | その他 |

| 該当する時代 | 戦国初期 | 戦国中期 | 戦国後期 | 安土桃山 | 江戸初期 |

武士の美学を全うするなら腹を十文字にかっさばくべし

　左の下腹部から右へと進めた刀を、次にみぞおちに突き立てて縦に一気に切り下げる。これはその軌跡から十文字腹といわれる、理想とされる切腹の作法である。

　江戸時代に入ると切腹は刑罰の意味合いが強くなるが、戦国時代は敗者に与えられる名誉の死と位置づけられていた。武士の死のうち、もっとも美しいとされていたのはやはり戦場での死。切腹はこれに次ぐものだったのだ。戦の混乱の中、捕らえられて首が敵に渡らぬよう、腹を切って部下に首を隠させるといった行為もよく見られた。

　切腹が武士にとって名誉の死と位置づけられるようになった背景に、備中高松城主・清水宗治の切腹時の逸話がある。中国攻めの最中、高松城に水攻めを行った豊臣秀吉は、講和の条件として城主である宗治の首を要求する。

宗治はこれに応じると、城を取り囲む水の中へと舟でこぎ出した。そして舟上で一差し舞うと、辞世の句を詠んで見事に切腹して果てたという。秀吉はこれを称賛、以降、切腹は武士の美学を体現する行為となった。賤ヶ岳の戦いで秀吉に敗れた柴田勝家も、見事に十文字腹を切ってみせた。その際、切り口から自らの腸を引きずりだしたという逸話も残っている。

　このように十文字腹が理想とはいえ、相当な痛みを伴うことは想像に難くない。といって激痛のあまり、途中で手を止めようものなら、それこそ不名誉このうえない。したがって、横一文字に切る一文字腹のほうが主流であった。

　また徳川家康の一門衆である結城秀康は、関ヶ原の戦い後に病を患い34歳の若さで早世したが、器量があり人望が厚かった秀康の死に、家臣の永見長次と土屋昌春が切腹により殉死。これ以降家臣の殉死が相次ぎ、家康、秀忠父子は殉死禁止を出したという。

三章　世渡りの作法

切腹の仕方

さまざまな切腹法で果てた武士

切腹の際の腹の割き方にはいくつかパターンがあり、その中には後世まで語り継がれる見事な割き方も存在した。

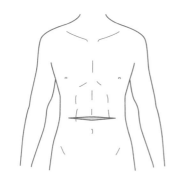

一文字腹
漢字の「一」のように横に割く。腹部の臓器を覆う腹膜を切る方法。最も一般的な割き方だった。

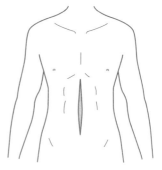

南部腹
縦一筋に割く方法。みぞおちの付近から一気にへその下まで切り下げる。立ったまま行うことがあったため「立ち腹」とも呼ばれた。

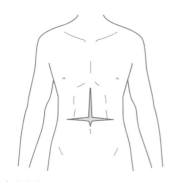

十文字腹
左の脇腹から右の脇腹へ、みぞおちからへその下へと、漢数字の「十」を描くように割く方法。最も理想的とされる切腹の仕方。

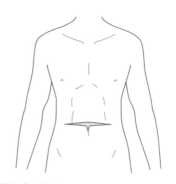

変形十文字腹
左の脇腹から右の脇腹へ切り、短刀を刺したまま中央へと戻し、へそ付近まで切り下げる割き方。

目上の者と話すときは視線を外すのが礼儀

世渡りの作法 その十二

該当する人々 ▷ 家老 **一門衆** 側近 役方 その他

該当する時代 ▷ **戦国初期** **戦国中期** **戦国後期** **安土桃山** 江戸初期

主君を前にしたときはうつむいて左袖あたりを見る

　江戸時代は武士を頂点とした封建社会であり、武士階級の内部でも地位の上下は最大限尊重された。身分が下の者は容易に上位の者に会うことはかなわず、会っても気軽に会話を交わすこともできない。極端な例を挙げるなら、将軍とは直接言葉を交わすことができないため、わざわざ取り次ぎ役の側用人を設け、それが幕政混乱の原因となったほどだ。

　それに比べると、戦国時代はまだまだ緩やかなほうだった。戦場でいつ命を落とすかわからない、明日をも知れぬ日々の中で、主従は運命共同体も同然。そこには家族のような雰囲気も生まれる。厳しい上下関係はもちろんあるが、君臣が輪になって評定を行うこともあれば、時には家臣が主君の過ちを指摘したり、決断に異を唱えることさえあった。

　とはいえ、普段はそれなりに守らなければならないマナーもある。刀槍を手に、日常的に命のやりとりをする武士だけに、一般に野卑で乱暴な印象があるが、一面ではとても慎みを大切にしていたのだ。

　対話時の視線を例に取ると、他者と向き合ったとき、相手の顔をじろじろ見るのは礼を失した行為と見なされた。特に相手が目上の場合は、万一にでも目が合ったりしないよう、意識して視線を落とすようにする。目のやり場に困って落ち着かなく周囲を見まわすなど、もってのほかだ。

　主君を前にした際は、うつむき加減に左の袖あたりを見る。こうすると慎み深いとされた。相手と視線を合わせて話すことがあるとしたら、それは同格の相手のときに限られた。またこうした礼法は先述したような小笠原流のほか、同じく室町後期に誕生した伊勢流があり、前者は現代のマナーにも息づいているという。

三章　世渡りの作法

会話と視線

相手や場面によって変わる視線の向け方

話す相手が主君なのか、同格の者か、どんな場所にいるかなど条件によって視線を変えなくてはならなかった。

正しい視線

主君と話すとき
主君と話すときは決して視線を合わせてはいけない。やや視線を落とし、主君の腕のあたりを見ることがベストとされた。

同輩と話すとき
主君とは違って同格の者と話すときは、目線を合わせて話すことができた。

NGな視線

相手をじろじろ見る
現代にも通じるが、会話のときに相手のことをじろじろと眺め回すのは、大変失礼な行為とされる。

室内を見回す
評定のときや主君に呼ばれた際に、室内を眺め回すのも失礼な行為。静かに落ち着きを持って座っていることが大事とされる。

column ③

主君を7度も変えた
世渡り上手の藤堂高虎

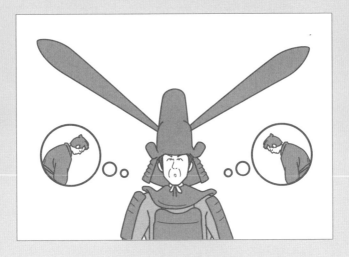

先見の明を持って戦国時代を生き抜いた

「七度主君を変えねば武士とはいえぬ」。これは藤堂高虎の名言のひとつとして知られるが、その言葉通り高虎は、最後の主君である徳川秀忠までにじつに7度も主君を変えている。一見、裏切りや謀反を繰り返したのではないか、と思えるかもしれないが、それはもともと仕えていた秀吉の死後に、対立していた家康に仕えたことがイメージの悪化につながったとされる。しかし、高虎自身は政治、戦の指揮、築城など、有能な人材を目指して努力を怠らず、その能力を遺憾なく発揮できる場所を探していたのだ。現に秀吉の死後、跡を継いだ秀頼ではなく家康へ味方したのも、世の中の情勢を見極めたうえでの判断であり、家康自身も外様だった高虎を重用した。

明智光秀の「本能寺の変」に迫る

戦国時代の中でも一位二位を争う有名な出来事といえば「本能寺の変」である。近年研究が進んでいるとはいえ、まだまだ謎の多い出来事なのだが、ここでは戦国一の裏切りを引き起こした張本人の明智光秀を中心に据え、本能寺の変に迫る。

歴史の大罪人はどのような人生を歩んだ？
明智光秀の生涯

「本能寺の変」を引き起こした張本人の光秀。ただその生涯は未だに謎が多いとされる。ここでは光秀の人生と基本的なデータを用いてその人となりを紹介しよう。

フロイスが見た明智光秀

日本で宣教をしながら、『日本史』を執筆したポルトガル人のフロイス。彼は光秀のことを「家中からは快く思われていなかったが、才知、思慮、狡猾さに優れ、信長の寵愛を受けていた。光秀は裏切りや密会を好み、謀略や計略に長けており、親しい者たちに対して自分は人を欺く72個の方法を体得していると豪語していた」と評した。

光秀年表

西暦	年号	出来事
1528※1年	享禄元	斎藤道三の家臣、明智光綱の元に生まれる※2
1535年	天文4	父・光綱が死去し、8歳にして家督を継ぐ
1556年	弘治2	「長良川の戦い」で道三側につき敗北。牢人となる
15??年	???	朝倉家に仕官する
1568年	永禄11	織田家に仕える（信長の家臣に）
1571年	元亀2	「比叡山延暦寺焼き討ち」での功績が認められ、近江国志賀郡5万石を与えられるとともに、坂本城を築城
1575年	天正3	丹波方面の軍団長に任命される
1582年	天正10	信長より中国方面軍の秀吉の援軍に向かうように命を受ける。その後「本能寺の変」が発生。大返しをした秀吉軍と「山崎の戦い」で衝突し、敗北。明智藪にて落ち武者狩りに遭い、死亡（享年55）

※1 1516（永正13）年説もある　※2 父の名は光隆、光国説もある。

光秀愛用の具足

椎実兔耳立黒塗胴具足
（しいのみ うさぎみみたて くろぬり どうぐ そく）

兜に月と兎の耳のあしらいがあるのが特徴の具足。家臣の明智秀満所有の物とする説もある。

明智家の家紋

桔梗紋（ききょうもん）

桔梗紋は美濃の守護だった土岐氏が使っていたもの。明智家はこの土岐氏の分家である。

光秀の好物

粽（ちまき）

光秀の好物は粽で、戦の最中、敵の鬨の声に驚いて笹の葉ごと食べてしまったというエピソードがある。

光秀の特技

鉄砲

鉄砲の名手だったという光秀。まだ性能が低かった火縄銃で45.5m先の的を撃ち抜くほどの腕前。

軍学、治世術

戦の采配に長け、厄介な国衆を家臣に取り込むなど、優れた政治手腕を発揮したという。

糟糠の妻　〜妻木熙子〜
（そうこう の つま　つまぎ ひろこ）

光秀は最初の主君、斎藤道三が子の義龍に長良川の戦いで討たれると、浪人の身となってしまった。当時から京の公家たちと親しかった光秀は、公家たちを家に招くこともあったが、貧しいために宴を催すのも難しかった。そんな状況下で妻の熙子は、自身の髪を切って売ることで、光秀のことを助けたというエピソードがある。

光秀が歩んだ天下人としての数日

「三日天下」ではなく「十日天下」

「本能寺の変」を起こした光秀。落ち武者狩りに遭うまでの数日を「三日天下」と呼ぶことがあるが、じつはもっと長かったようだ。

本能寺の変（1582年6月2日）以降の明智軍の足取り

1日目（6月2日）：本能寺の信長、二条御所の信忠（織田家嫡男）を討つ。信長の居城だった安土城へ向かうも、道中の瀬田橋が落とされており、坂本城へ引き返す。周辺の大名へ協力要請の書状を送る。

2日目（6月3日）：坂本城へ帰城。

3日目（6月4日）：近江の大部分を平定。

4日目（6月5日）：瀬田橋が復旧したため、安土城へ入城。秀吉の居城である東近江の長浜城を攻略。

5日目（6月6日）：安土城に貯蔵されていた金銀財宝を家臣などに与える。

6日目（6月7日）：朝廷の吉田兼見が光秀と会見し、京の治安維持を要請。

7日目（6月8日）：坂本城へ帰城。

8日目（6月9日）：昇殿して朝廷に銀500枚、五山や大徳寺へ銀100枚を贈る。親戚関係にあった丹後の細川幽斎・忠興へ出兵を要請する書状を送る。

9日目（6月10日）：筒井順慶の挙兵を促すため、家臣の藤田行政に命じて洞ヶ峠まで出兵。

10日目（6月11日）：丹後の一色氏を自軍に引き込むことに成功。

山崎の戦い当日（6月12日）：山崎の戦いで敗戦、落ち武者狩りに遭い死亡する。

光秀が味方にできなかった有力者たち

筒井順慶 (つついじゅんけい)

三好家に仕えていた松永久秀に攻められるも、織田信長に服従する形で大和国を与えられる。信長によって光秀の与力としてつけられたが、先述したように「本能寺の変」以降は明智方か羽柴方につくか日和見。山崎の戦いのあとは秀吉の家臣となり、病気を患いながら小牧・長久手の戦いにも参陣。しかし36歳という若さで早世した。

細川忠興 (ほそかわただおき)

織田家に仕え、光秀の娘であるガラシャを娶る。一門衆ではあったが、先述したように「本能寺の変」以降は光秀から再三にわたって出兵を促されるも拒否。それ以降は秀吉に従い、関ケ原の戦いでは徳川方についた。茶人としては利休七哲のひとりに数えられる。

池田恒興 (いけだつねおき)

母が織田信長の乳母だったことから、信長とは乳兄弟だった。信長に従い、多くの戦で武功を立てたとされる。本能寺の変で信長が討たれると、秀吉と合流して光秀と対立。織田家の跡取りを決める清洲会議では、織田家の古参として出席。小牧・長久手の戦いで討ち死にした。

高山右近 (たかやまうこん)

かつて荒木村重の家臣として信長に反旗を翻すが、降伏したのちに織田家の武将になり、高槻城を与えられる。本能寺の変以降は秀吉に従い光秀と対立。キリシタンとしても有名で、秀吉のバテレン追放令を受けて領地などを失う。江戸幕府の禁教令で国外追放、追放先のマニラで亡くなった。

光秀も予想できなかった秀吉の高速行軍
「秀吉の大返し」から「山崎の戦い」

毛利攻めのために中国地方に出兵していた秀吉軍。信長討ち死にの知らせを受けると光秀も予想だにしなかった高速行軍を果たした。

秀吉軍の足取り

備中高松城水攻め
「本能寺の変」の知らせを受けた秀吉は、備中高松城城主、清水宗治の切腹を条件に和睦を結ぶ。沼城まで撤退し、毛利軍の追撃がないことを確認すると、大返しを開始した。

休息と情報収集
6月6日に備中高松城を出発してから、同8日には姫路城に到着。ここで兵士に9日の朝まで休息を取らせ、「本能寺の変」以降の畿内の情報収集を行った。

備中 / 備前 / 播磨

備中高松城　6月6日／午後出発
沼城　6日／夜到着　7日／朝出発
姫路城　8日／朝到着　9日／朝出発

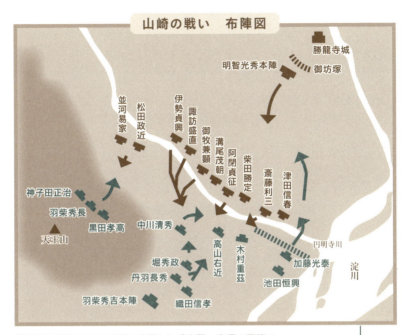

明智軍の予想より早く山崎に布陣した秀吉軍。交通の要衝であり、戦場を俯瞰できる天王山を手に入れた秀吉側が有利になった。なお総兵数でも、明智方は1万3千ほど、反明智勢を取り込んだ秀吉軍は4万ほどと、数でも上回っていた。

「本能寺の変」のキーパーソン
光秀を支えた家臣たち

光秀の決断によって「本能寺の変」に加わった明智家臣団。参謀たちには反対する者もいたというが、最後まで主君を支え続けた。

明智秀満（あけちひでみつ）

光秀の叔父である明智光安の子とされ、光秀とはいとこの関係にあたる。明智家の五宿老（ごしゅくろう）とされ、「本能寺の変」の際にも、光秀が信長を討つことを最初に相談した相手という説もある。山崎の戦いには参加しなかったが、敗戦後は光秀の居城だった坂本城に籠城し、秀吉軍の堀秀政（ほりひでまさ）の軍勢に取り囲まれると、城に火を放って自害したとされる。

生年：1536（天文5）年（諸説あり）
出身：美濃国（みののくに）
身分：宿老

斎藤利三（さいとうとしみつ）

明智家の五宿老のひとり。信長の足利義昭追放のあと光秀に仕える。主に親戚関係にあった長宗我部氏（ちょうそかべ）との外政を担当し、光秀の参謀としての役割を果たしていた。山崎の戦いでは光秀に従って従軍し、先鋒を務めるも、池田恒興（いけだつねおき）、高山右近勢（たかやまうこん）と戦い、敗戦ののちに捕らえられる。戦後は京の六条河原で斬首された。徳川家光の乳母だった春日局（かすがのつぼね）は、この斎藤利三の娘とされる。

生年：1534（天文3）年（諸説あり）
出身：美濃国
身分：宿老

172

伊勢貞興

室町幕府の幕臣だったが、将軍・足利義昭が京都を追放されたあと、光秀の家臣となる。明智軍による丹波攻略の際にも功績を重ね、光秀の信頼を得ていた。「本能寺の変」の際は、織田家の嫡男、信忠が籠城する二条城を攻め、自刃に追い込む。山崎の戦いでは中川清秀隊と戦い猛攻を見せたものの、兵力の差を覆すことができず敗戦。殿を務めて戦うも討ち死にした。

生年：1562（永禄5）年
出身：山城国
身分：不明

安田国継

光秀の家臣、斎藤利三に仕えた。「本能寺の変」では先鋒を命じられ、古川九兵衛、箕浦大内蔵とともに一番槍を競った、明智三羽烏のひとりとされる。信長の小姓・森蘭丸に槍で突かれるものの、これを討ち取っている。山崎の戦い後は出奔して浪人になり、羽柴秀長や蒲生氏郷などに仕えた。最後はかつて「どちらかが出世したら、片方を十分の一の俸禄で召し抱える」という約束をした織田家時代の同僚、寺沢広高に仕えた。

生年：1556（弘治2）年
出身：美濃国
身分：不明

明智家家臣団の主な構成

五宿老
・明智秀満　・明智光忠
・斎藤利三　・藤田行政
・溝尾茂朝

光秀が織田家に仕える前から、家臣だった5名の重臣。「本能寺の変」を首謀した中心人物とされる。

妻木家
・妻木広忠

美濃国妻木城城主で、一門衆は明智家の家臣だった。諸説あるが、光秀の正室、妻木煕子はこの家の出身とされている。

三羽烏
・安田国継
・古川九兵衛
・箕浦大内蔵

「本能寺の変」の際に、先鋒を命じられ、一番槍を競った三人。

何が光秀を謀反に駆り立てたのか

「本能寺の変」の動機は？

多くの歴史研究者や有識者が、「本能寺の変」における光秀の動機について説を挙げている。ただ400年以上経った今でも、その真実は明かされていない。

動機に関する複数の説

秀吉黒幕説
尋常ではないスピードの「中国大返し」から、事前に光秀の謀反を察知。その背景から共犯者だった可能性もある。

家康黒幕説
家康は信長の命で嫡男の信康と正室の築山殿を切腹させており、その不信感から光秀に謀反を促したとする説。

足利義昭黒幕説
信長より京を追われた義昭は、信長包囲網を形成するなど、かなり恨んでいた模様。義昭が光秀に謀反を促したとしてもおかしい話ではない。

長宗我部元親黒幕説
四国統一に関して織田家と折り合いが悪かった長宗我部元親。光秀とは親戚関係にあり、謀反を共謀したのではないかという説。

朝廷黒幕説
蔑ろにされていた朝廷が信長を危険視し、親しい間柄であった光秀の力を使って、信長を排除したのだろうか。

毛利家黒幕説
織田家から攻められていた毛利家は、出兵を表明していた信長との決戦を避けるため、光秀と共謀したのかもしれない。

宗教勢力黒幕説
本願寺をはじめ、多くの宗教勢力と敵対してきた信長。それら勢力が反発し、光秀の謀反を促した可能性もある。

怨恨説
謀反の直前、京を訪れた家康の世話役に任じられた光秀だったが、信長が接待の食事が気に入らず足蹴にし、それが原因となって謀反に及んだという説。

イデオロギー説
もともと幕府や朝廷と親交のあった光秀は、それを蔑ろにする信長に対し不満を抱き、謀反に至ったのだろうか。

愛宕百韻での光秀の歌

ときは今
あめが下しる
五月かな

光秀が「本能寺の変」の直前に歌人などを呼んで催した連歌会での発句とされるもの。「とき」は光秀の出身である「土岐氏」を表し、「あめ」は「天下」、下しるは「命令する」として謀反を予告していたのではないか、ともいわれる。

※「本能寺の変」の動機には、このほかにも複数の説があります。

あの戦国武将の
裏切り事情

　戦国時代では裏切りが多く行われたが、どのような武将が裏切ったのか。寝返り、鞍替え、謀反と人によってさまざまではあるが、ここでは裏切った武将たちのエピソードや人となりをご紹介する。また信長、秀吉、家康といった天下人たちの裏切り事情も探っていく。

戦乱の世の習い
戦国武将と裏切り

裏切り、裏切られというのが日常茶飯事だった戦国時代。ここでは裏切りを犯した武将を紹介する。三人の天下人の裏切り事情にも触れる。

松永久秀（1510年ごろ〜1577年）

裏切った相手：織田信長

信長に仕える前の三好家では主家を滅ぼし、時の将軍・足利義輝公を暗殺、東大寺大仏殿を焼くという3つの悪事を働いた。やがて信長の上洛に際して臣従するが、1572年に謀反を起こす。多聞山城を差し出して一度は許されたが、1577年に二度目の謀反。織田軍から攻められ信貴山城に籠城し、最期は自害した。

命より大切な平蜘蛛

茶の湯に親しんだ久秀は、名器と呼ばれた平蜘蛛や九十九髪茄子を所有していた。二度目の謀反の際に信長から「平蜘蛛を渡せば許す」といわれたが拒否し、茶器に火薬を入れて自爆したといい伝えられる。

別所長治（1558年〜1580年）

裏切った相手：織田信長

播磨国の領主だった別所長治。織田家の中国攻めの際に、一度は織田家に臣従するも、情勢を見て毛利家へ鞍替え。信長の命を受けた秀吉によって攻められ、主城の三木城で籠城するも、最期は城兵の命と引き換えに自害した。

三木の干し殺し

秀吉が三木城に行った兵糧攻めは過酷で、餓死者を食べるほどだったという。

三好長慶（1522年〜1564年）

裏切った相手：細川晴元、足利義輝

幕府の管領・細川氏の家臣だった三好家だが、晴元によって父・元長が死に追いやられると、晴元と将軍・義晴、義輝の父子を京から追放し、三好政権を樹立した。しかし晩年は家臣の松永久秀に家中を牛耳られ、失意のまま病没した。

連歌を好んだ長慶

文化人だった長慶は連歌を好んでいたという。連歌会の場で弟の実休が戦死した知らせを受けても構わず続けたほど。

177

前田利家（1538年～1599年）

裏切った相手：柴田勝家

織田信長の小姓として仕え戦での槍働きから「槍の又左」という異名があった。北陸方面軍だった柴田勝家の与力になるが、信長の死後には秀吉側に寝返る。その後は豊臣五大老を務め、加賀藩百万石の地盤を固め豊臣家を支えた。

趣味は能

文化人としても知られていた利家の趣味は能で、3日に一度は稽古をするほど熱を入れていた。

陶晴賢（1521年～1555年）

裏切った相手：大内義隆

大内義隆の重臣だった晴賢だが、第一次月山富田城の戦いで尼子氏に敗れると、次第に遠ざけられてしまう。そこで晴賢は大寧寺の変を起こして義隆を自害させ家中の権力を握るが、力をつけた毛利家との厳島の戦いで敗れ自害した。

若いころはイケメンだった

晴賢は美少年だったため、彼が幼いころには義隆の男色の相手として重用された。

宇喜多直家（1529年〜1582年）

裏切った相手：浦上宗景

浦上家の家臣として暗殺や謀略の限りを尽くし主家を急成長させた直家だが、織田信長が畿内で力をつけると主家に反旗を翻す。一度は失敗するが、1574年の天神山城の戦いで宗景を追放し独立を果たした。

家臣と一緒に耕作

策謀に長けて梟雄と称された直家だが、一方で家臣を大切にし、ともに田畑を開墾することもあったという。

斎藤道三（1494年?〜1556年）

裏切った相手：土岐頼芸

美濃の守護大名だった土岐氏に下剋上を果たし、国主となった道三。残虐な手口から「美濃の蝮」と称された。しかし長男の義龍ではなくその弟たちを可愛がり、義龍を義絶にしたことから謀反を起こされ、長良川の戦いで討ち死にした。

信長との仲

道三は信長に美濃を譲り渡すという遺言を残している。当時うつけ者と呼ばれた彼の才気を見抜いていたのだ。

179

織田信長（1534年〜1582年）

裏切った相手：斯波氏

織田信長が生まれた家は、弾正忠家という尾張国の一部を治めていた地方領主にすぎなかった。主君は斯波氏といって代々尾張国を治める名門の家だった。信長の祖父である信定、父の信秀が二代にわたって尾張国内で幅を利かせると、信長の代になりようやく尾張国を統一。つまり、主君である斯波氏を裏切り、追い出したことで尾張国を手に入れたのだ。

西洋を好んだ信長

信長は南蛮の商人から輸入した地球儀やワインを好み、戦の際の甲冑にはマントを羽織っていたという。宣教師の保護にも積極的で西洋文化をこよなく愛していたことがうかがえる。

豊臣秀吉（1537年～1598年）

裏切った相手：今川義元、
　　　　　　　松下之綱

貧しい百姓の家から出世を重ねて関白にのぼり詰めた秀吉。織田信長の家来というイメージが強い秀吉だが、一番はじめは松下之綱の家臣であった。松下の主君は信長とは敵対関係にあった駿河国の今川義元。ちなみに、松下は今川が敗れると家康に仕え、その後は秀吉に家臣として仕えている。

茶会を好んだ秀吉

千利休から茶の湯を学び親しんだ秀吉。京都の北野天満宮では北野大茶湯と呼ばれる大規模の茶会も開催した。またコレクターであり、天下の三肩衝と称された新田・初花・楢柴を揃えたほどであった。

尼子経久 (1458年〜1541年)

裏切った相手：京極政経

出雲国の守護代だった尼子家に生まれた経久は数々の謀略を用いて勢力を拡大した。嫡孫の晴久に家督を譲ったあとも後見人として活躍。しかし毛利元就との吉田郡山城の戦いで敗れ、その後逝去している。

何でも褒美にしてしまう

家臣に気を遣っていた経久は衣服を褒められればそれを与え、冬でも小袖一枚だけで過ごしていたという。

黒田長政 (1568年〜1623年)

裏切った相手：豊臣家

秀吉の軍師、黒田官兵衛の子として生まれる。幼少期は秀吉へ人質に出され、豊臣政権では中心人物として支えた。しかし、石田三成ら文治派と軋轢が生まれると関ケ原の戦いからは徳川家に鞍替えし、福岡藩の初代藩主にもなった。

かなりの音痴だった

能楽を好んでおり、家臣の前で演じたが音痴だったため、家臣の母里太兵衛にやめるよう諫められた逸話がある。

山内一豊（1545年〜1605年）

裏切った相手：豊臣家

岩倉織田家の重臣・山内盛豊を父に持つ一豊。父が信長に討たれると、畿内を転々としたのちに豊臣秀吉に仕え、最終的には徳川家康に鞍替えした。また、秀吉の甥である秀次の宿老を務めていた際は、秀吉の命令で秀次が死罪となるも一豊は加増。恐ろしく世渡り上手な男である。

鰹のたたきの生みの親

土佐特産の鰹だが、一豊は食中毒に配慮して生食を禁じた。そこで表面だけを炙る鰹のたたきが誕生したという。

加藤清正（1562年〜1611年）

裏切った相手：豊臣家

尾張国の生まれで豊臣秀吉の遠縁にあたる加藤清正。秀吉の小姓からスタートした清正は、数々の戦いで武功をあげ、26歳になるころには隈本城主へとのぼり詰めた。しかし、秀吉の死後は石田三成と対立。徳川家康に急接近し、関ケ原の戦いでは東軍についた。

道徳に頭を悩ませる

関ヶ原の戦い以降、豊臣家への恩義か徳川家への臣従かで頭を悩ませた清正は論語に朱で書き込み熟読していた。

福島正則(ふくしままさのり)（1561年〜1624年）

裏切った相手：豊臣家

加藤清正と並ぶ豊臣秀吉の子飼いの猛将・福島正則。賤ヶ岳(しずがたけ)の戦いでは、「賤ヶ岳七本槍(しちほんやり)」と称される働きを見せ、その後の戦も秀吉とともに一緒に勝ち上がったが、転機となったのは秀吉の死後。石田三成と対立すると、関ヶ原の戦いでは豊臣家を裏切り家康側についた。

大酒飲み

かなりの酒豪として知られ酒癖が悪く、記憶もなくなってしまうほどの大酒飲みだったいわれている。

小早川秀秋(こばやかわひであき)（1582年〜1602年）

裏切った相手：石田三成

秀吉の正室 北政所(きたのまんどころ)の兄の子として、秀吉のもとで育てられ、嗣子(しし)がいなかった小早川隆景(たかかげ)の養子となった。関ヶ原の戦いでは西軍に属しながら、その最中に東軍へ寝返った。その後21歳と若くして逝去し、小早川家は断絶することとなった。

死因はアルコール依存症？

大酒飲みで酒癖が悪く北政所を困らせていたという秀秋。その死因は一説によるとアルコール依存症ともされる。

徳川家康（1542年〜1616年）

裏切った相手：今川家

三河領主の松平広忠の嫡男として生まれた徳川家康。幼少期は今川家の人質となるが、縄で縛られていたわけでも、牢屋に閉じ込められたわけでもない。むしろ、ゆくゆくは今川家の重臣となるべく、とても可愛がられていた。また、家康は正室に今川義元の姪である築山殿を娶っている。桶狭間の戦いで義元が討ち死にすると、今川家からあっさりと独立した。

鷹狩りが大好きだった

家康は鷹狩りを好んでおり、幼少期には殺生が禁じられる寺の境内で鷹狩りを行い住職に怒られたほど。家臣にもひとつの訓練として鷹狩りを奨励した。関東周辺には鷹狩りにまつわる地名も存在している。

戦国家臣年表

年	歴史
1493年 （明応2年）	北条早雲（伊勢宗瑞）が「伊豆討ち入り」を決行。 堀越公方の茶々丸を攻撃。
1535年 （天文4年）	松平清康が家臣の阿部正豊に暗殺される（「森山崩れ」）。
1536年 （天文5年）	今川家の跡目争いである「花蔵の乱」で義元が兄の玄広恵探に勝利。
1541年 （天文10年）	武田晴信（信玄）により父・信虎が駿河へ追放。
1542年 （天文11年）	東北で「天文の乱」勃発。伊達家が父・稙宗と子・晴宗で二分し、敵対する。
1544年 （天文13年）	毛利元就の三男、徳寿丸（小早川隆景）が、小早川家を継ぐ。
1546年 （天文15年）	「河越城の戦い」で北条綱成が奮戦し、当主・氏康との挟撃で関東諸大名の連合軍を破る。
1547年 （天文16年）	毛利（吉川）元春が吉川家の養子になる。 松平竹千代（徳川家康）が織田家の人質になる。
1550年 （天文19年）	大友家の家督争いの「二階崩れの変」が勃発。 毛利元就が全ての家臣に対して起請文を出させ、絶対服従を誓約させる。 長尾景虎（上杉謙信）の義兄・長尾政景が反乱を起こすが、翌年の「坂戸城の戦い」で降伏。
1551年 （天文20年）	武田晴信（信玄）が断念した村上家の砥石城を、家臣の真田幸隆が攻略。 大内家臣の陶晴賢が謀反。主君・義隆は自害に追い込まれる（「大寧寺の変」）。
1553年 （天文22年）	織田信長の傅役だった平手政秀が自害。
1554年 （天文23年）	斎藤道三が土岐氏を追放し、美濃の領主となる。 木下藤吉郎（豊臣秀吉）が織田家へ仕官。 尼子家の精鋭である新宮党が粛清される。
1555年 （弘治元年）	「厳島の戦い」で村上水軍の活躍などもあり、毛利家が大内家に勝利。

1556年 (弘治2年)	「長良川の戦い」で、斎藤道三が子の義龍に討たれる。
1557年 (弘治3年)	織田信長が謀反を企てた弟・信勝を殺害。 毛利元就が三人の子へ、「三子教訓状」を送る。
1560年 (永禄3年)	大友家家臣の戸次鑑連が「鶴崎踊」で主君である宗麟に諫言。 「桶狭間の戦い」にて織田家家臣の毛利新助と服部小平太が今川義元を打ち取る。
1561年 (永禄4年)	木下秀吉（豊臣秀吉）がおねと結婚。 「第4次川中島の戦い」で武田家臣の武田信繁、山本勘助などが討ち死に。
1563年 (永禄6年)	本多正信が「三河一向一揆」に加担。徳川家を出奔する。 六角家のお家騒動である「観音寺騒動」が起こる。
1564年 (永禄7年)	竹中半兵衛が家臣16名とともに稲葉山城奪取。 長尾家臣・宇佐美定満の「野尻池事件」。
1565年 (永禄8年)	松永久秀と三好三人衆が将軍・足利義輝を殺害（「永禄の変」）。 武田家の内紛「義信事件」が勃発、嫡男・義信は廃嫡。重臣の飯富虎昌が謀反の嫌疑をかけられ自害。
1566年 (永禄9年)	秀吉が墨俣に城を築城。
1567年 (永禄10年)	松永久秀が三好三人衆を襲撃。東大寺の大仏殿を焼く。 武田家で廃嫡された義信が自刃。 織田信長の妹・お市の方が浅井家へ輿入れ。 竹中半兵衛が木下秀吉に仕官。
1568年 (永禄11年)	上杉家において「本庄繁長の乱」が発生するが、翌年収束。この乱で重臣の色部勝長が討死。
1569年 (永禄12年)	尼子再興軍による雲州（出雲）侵攻が行われる。
1570年 (元亀元年)	浅井家の裏切りにより「金ヶ崎崩れ」が起こる。 織田家古参の重臣・森可成が「宇佐山城の戦い」で討ち死にする。 龍造寺家臣の鍋島直茂が「今山の戦い」で大友軍に奇襲、勝利する。
1572年 (元亀3年)	「木崎原の戦い」で島津義弘軍が伊東家を破る。 武田信玄が上洛の軍を起こし、徳川家と「三方ヶ原の戦い」が発生。 松永久秀、織田家に対して一度目の謀反。
1573年 (天正元年)	羽柴秀吉が織田信長より長浜城を与えられる。

1575年 (天正3年)	「長篠・設楽原の戦い」の前、長篠城主奥平貞昌の家臣、鳥居強右衛門が使者として援軍を要請するが、帰途で武田軍に捕縛、処刑される。 織田家が「越前一向一揆」を鎮圧。宿老の柴田勝家に越前国8郡が与えられる。
1576年 (天正4年)	織田信長が丹羽長秀に安土城の普請を命じる。 羽柴秀吉が毛利攻めを命じられる。 「第一次木津川口の戦い」で、毛利軍が織田軍を破る。
1577年 (天正5年)	柴田勝家が上杉謙信との「手取川の戦い」で敗北。 松永久秀、二度目の謀反を起こし信貴山城にて自害。
1578年 (天正6年)	毛利家の上月城が落城。尼子勝久とその家臣が入城する。 羽柴秀吉が別所家の三木城を包囲（「三木の干し殺し」）。 毛利家の攻撃により尼子勢が降伏。勝久は自害、人質となった重臣の山中幸盛は謀殺された。 荒木村重が織田家に謀反を起こす。 荒木村重の説得に向かった黒田官兵衛が捕らえられ幽閉される。 上杉家の家督争い「御館の乱」が勃発。 九鬼嘉隆が率いる織田水軍が毛利水軍を破る（「第二次木津川口の戦い」）。
1579年 (天正7年)	徳川家康の正室・築山殿が謀反の嫌疑をかけられ殺害。 徳川家の嫡子・信康が謀反の疑いにより自刃させられる。 竹中半兵衛が陣没。
1580年 (天正8年)	織田家臣の池田恒興により、荒木村重の花隈城が落城。村重は逃亡。 織田家宿老・佐久間信盛が追放される。
1581年 (天正9年)	京にて織田家が「馬揃え」を実施。 羽柴秀吉軍が鳥取城を陥落させる。 上杉家の家臣・新発田重家が反乱を起こし独立するが天正15年に自刃する。
1582年 (天正10年)	天正遣欧使節がローマへ出発する。 羽柴秀吉軍が備中高松城を包囲、水攻めを行う。 明智光秀が「本能寺の変」を起こす。 徳川家康が重臣数名を連れて「神君伊賀越え」を決行。 毛利家臣で備中高松城主の清水宗治が、城兵の命と引き換えに自害。 毛利家と講和した羽柴秀吉軍による「中国大返し」。 「山崎の戦い」にて羽柴軍が明智軍を破る。 明智光秀が落ち武者狩りで討たれ、居城の坂本城も落城。 清洲会議が行われる。 柴田勝家とお市の方が婚儀を行う。
1583年 (天正11年)	「賤ヶ岳の戦い」で羽柴軍が柴田軍を破る。 前田利家が羽柴秀吉に下る。 北庄城が落城。柴田勝家がお市の方とともに自害。
1584年 (天正12年)	「沖田畷の戦い」で島津家久の活躍により龍造寺隆信が討たれる。 「小牧・長久手の戦い」が起こり、織田・徳川連合軍が勝利。
1585年 (天正13年)	徳川家臣・石川数正が出奔し、豊臣家へ仕官する。

1586年 （天正14年）	「岩屋城の戦い」で大友家重臣、高橋紹運以下城兵全員が島津軍に対して玉砕。 「戸次川の戦い」で島津家久軍が、仙石秀久軍を破る。
1587年 （天正15年）	「北野大茶会」が開催。
1588年 （天正16年）	豊臣秀吉による「海賊停止令」と「刀狩り令」。
1590年 （天正18年）	「小田原攻め」にて、黒田官兵衛の働きで小田原城が無血開城する。 北条方の成田家は「忍城の戦い」で水攻めをされるが最後まで抵抗。
1591年 （天正19年）	千利休が切腹。 「九戸政実の乱」が勃発。
1592年 （文禄元年）	「文禄の役」により一度目の朝鮮出兵。 加藤清正、小西行長らが漢城に入城。
1595年 （文禄4年）	豊臣秀次が高野山で自害。
1597年 （慶長2年）	「慶長の役」で2度目の朝鮮出兵。
1598年 （慶長3年）	秀吉の死で、日本軍は朝鮮から撤退。
1599年 （慶長4年）	「石田三成襲撃事件」が発生。
1600年 （慶長5年）	「伏見城の戦い」で徳川家重臣の鳥居元忠が討ち死に。 「関ケ原の戦い」が勃発。
1603年 （慶長8年）	徳川家康が征夷大将軍に就任し、江戸幕府を開府する。
1614年 （慶長19年）	江戸幕府の「キリシタン国外追放令」により、高山右近がマニラへ追放される。 「大坂冬の陣」が発生。真田信繁（幸村）の真田丸により徳川軍が大打撃を受ける。
1615年 （元和元年）	「大坂夏の陣」が発生。豊臣方の諸将が討ち死にし、大坂城も間もなく落城する。

参考文献

◆ 書籍

『戦国 戦の作法』小和田哲男 監修（宝島社）

『イラストでみる 戦国時代の暮らし図鑑』小和田哲男 監修（宝島社）

『日本史見るだけノート』小和田哲男 監修（宝島社）

『戦国史見るだけノート』小和田哲男 監修（宝島社）

『ビジュアル版 日本の歴史を見る⑤ 群雄割拠と天下統一』小和田哲男 監修（世界文化社）

『戦国武将の生き方死に方』小和田哲男 著（新人物往来社）

『こんなに変わった！ 日本史教科書』山本博文 監修（宝島社）

『最新研究が教えてくれる！ あなたの知らない戦国史』かみゆ 著（辰巳出版）

『図解 戦国武将』池上良太 著（新紀元社）

『戦国大名と分国法』清水克行 著（岩波書店）

『戦国の合戦と武将の絵事典』小和田哲男 監修／高橋伸幸 著（成美堂出版）

『戦国の風景 暮らしと合戦』西ヶ谷恭弘 著（東京堂出版）

『戦国武将の解剖図鑑』本郷和人 著（エクスナレッジ）

『戦国武将の手紙を読む 浮かびあがる人間模様』小和田哲男 著（中央公論新社）

『戦国武将ものしり事典』奈良本辰也 監修（主婦と生活社）

『早わかり戦国史』外川 淳 編著（日本実業出版社）

『牢人たちの戦国時代』渡邊大門 著（平凡社）

『超ビジュアル！ 戦国武将大辞典』矢部健太郎 監修（西東社）

『史上最強カラー図解 戦国時代のすべてがわかる本』二木謙一 監修（ナツメ社）

『[図解]武将・剣豪と日本刀 新装版』（笠倉出版）

『日本史用語集A・B共用』全国歴史教育研究協議会 編（山川出版社）

◆ 雑誌

『歴史人』2019年5月号（KKベストセラーズ）

『歴史人』2019年7月号（KKベストセラーズ）

『歴史道』Vol.5（朝日新聞出版）

※その他、数多くの歴史資料を参考にさせて頂きました。

監修　小和田哲男（おわだ・てつお）

1944年、静岡市に生まれる。1972年、早稲田大学大学院文学研究科博士課程修了。2009年3月、静岡大学を定年退職。静岡大学名誉教授。主な著書に『日本人は歴史から何を学ぶべきか』（三笠書房、1999年）、『悪人がつくった日本の歴史』（中経の文庫、2009年）、『武将に学ぶ第二の人生』（メディアファクトリー新書、2013年）、『名軍師ありて、名将あり』（NHK出版、2013年）、『黒田官兵衛 智謀の戦国軍師』（平凡社新書、2013年）、『明智光秀・秀満』（ミネルヴァ書房、2019年）などがある。

STAFF

企画・編集	細谷健次朗、千田新之輔
営業	峯尾良久
執筆協力	野田慎一、龍田昇、上野卓彦、野村郁明
イラスト	熊アート
デザイン・DTP	森田千秋（Q.design）
表紙デザイン	森田千秋（Q.design）
校正	ヴェリタ

戦国　忠義と裏切りの作法

初版発行　2019年12月21日

監修　　小和田哲男

発行人　　坂尾昌昭
編集人　　山田容子
発行所　　株式会社G.B.
　　　　　〒102-0072　東京都千代田区飯田橋4-1-5
　　　　　電話　03-3221-8013（営業・編集）
　　　　　FAX　03-3221-8814（ご注文）
　　　　　http://www.gbnet.co.jp

印刷所　　音羽印刷株式会社

乱丁・落丁本はお取り替えいたします。本書の無断転載・複製を禁じます。

© Tetsuo Owada ／ G.B. company 2019 Printed in Japan
ISBN 978-4-906993-81-9

神社・お寺・お城めぐりのお供にG.B.の本

続々、発刊中！

**歴史さんぽ
東京の神社・お寺めぐり**

著：渋谷申博

東京の神社・お寺を、神話の時代から幕末までの歴史とともに紹介。

定価：本体1,600円+税

**神々だけに許された地
秘境神社めぐり**

著：渋谷申博

聖なる地"秘境"に残された日本各地の神社110社を紹介。

定価：本体1,600円+税

戦國の山めぐり

監修：萩原さちこ

山登りと歴史めぐりの両方を楽しめる"戦国の旅"の必携ガイドブック。

定価：本体1,600円+税

**日本のお寺・神社
絶壁建築めぐり**

著：飯沼義弥　監修：渋谷申博

断崖や山の斜面に建てられた日本独特のお寺100か所を集めました。

定価：本体1,600円+税

聖地鉄道めぐり

著：渋谷申博

全国にある都市と寺社とを結ぶ路線「聖地鉄道」を、歴史とともに紹介。

定価：本体1,600円+税

**ライトアップ
夜の神社・お寺めぐり**

ライトアップされた全国69の神社・お寺を紹介。夜の参拝への道案内をします。

定価：本体1,600円+税